内部通報システム
のすべて

中原健夫・結城大輔・横瀬大輝・福塚侑也——[著]

一般社団法人 金融財政事情研究会

はじめに

　公益通報者保護法の改正法が2022年6月1日に施行されてから、1年が経過した。

　改正法は、①常時使用する労働者の数が300人を超える事業者に対し、⑦法3条1号及び6条1号に定める公益通報（内部公益通報）に応じ、適切に対応するために必要な体制の整備その他の必要な措置をとる義務（体制整備義務、法11条2項参照）に加えて、①内部公益通報を受け、並びに当該公益通報に係る通報対象事実の調査をし、及びその是正に必要な措置をとる業務に従事する者（公益通報対応業務従事者）を指定する義務（従事者指定義務、法11条1項参照）を負わせるとともに、②公益通報対応業務従事者又は公益通報対応業務従事者であった者に対し、正当な理由なく、その公益通報対応業務に関して知り得た事項であって公益通報者を特定させるものを漏らしてはならない義務（法定守秘義務、法12条参照）を負わせ、③それらの違反に対し、事業者に対しては行政罰を（法15条、16条、22条参照）、公益通報対応業務従事者又は公益通報対応業務従事者であった者に対しては刑事罰を（法21条参照）、それぞれ設けたという点に大きな特徴があった。かかる改正は、企業に対し、相応のインパクトを与えた内容となっており、筆者らとしても、改正法の施行に当たり、様々な企業から数多くの相談を受けて、内部規程の改訂を支援したり、役職員に対する研修を行ったりする機会があり、現在も、個別事案に関する相談はもちろん、役職員に対する研修を行う機会も多い。

　私たちは、このような経験等を通じて得た改正法に関する知見を中心として実務的な書籍としてまとめることが、内部通報に対して真摯に向き合おうとしている企業及びその役職員を支援することにつながるのではないかと考えて、本書の出版を企画した。本書は、第2章を「令和2年改正を

踏まえた実務設計上の14の重要論点」と位置づけて、改正法に関連する論点ごとに実務的な課題について解説を試みるとともに、第3章を「改正法時代の通報対応の実務マニュアル」と位置づけて、様々な場面ごとの実務的な対応要領等を中心として改正法を意識しながら解説を試みており、第2章と第3章の分量が本書の大半を占めるものとなっている。また、より多くの企業及びその役職員にとって実務的な対応を検討する上で参考としていただくため、内容的にも、直面した論点や場面のみを読んでいただくことでも支障がないように構成するとともに、できる限り具体的な対応を記載するように心掛けたつもりである。もっとも、この分野は、必ずしも唯一の正解があるとは限らないことも多く、また、より良い対応を目指して進化するべき領域であるため、批判的な内容も含めて、是非とも読者の皆様から多くのご意見・ご感想をお寄せいただきたいと考えているし、私たちとしても今後さらなる情報発信に努めたいと考えている。

　なお、本書の企画以来、私たちを支えてくださった一般社団法人金融財政事情研究会出版部の西田侑加氏に対して、心より御礼を申し上げたい。

　2023年6月

弁護士　**中原　健夫**

弁護士　**結城　大輔**

弁護士　**横瀬　大輝**

弁護士　**福塚　侑也**

凡　例

旧法	改正前の公益通報者保護法（平成16年法律第122号）
改正法	公益通報者保護法の一部を改正する法律（令和2年法律第51号）
法	改正法による改正後の公益通報者保護法
指針	公益通報者保護法第11条第1項及び第2項の規定に基づき事業者がとるべき措置に関して、その適切かつ有効な実施を図るために必要な指針（令和3年内閣府告示第118号）
指針解説	公益通報者保護法に基づく指針（令和3年内閣府告示第118号）の解説
逐条解説	消費者庁参事官（公益通報・協働担当）室（編集）『逐条解説・公益通報者保護法〔第2版〕』（商事法務、2023年）
消費者庁Q&A	消費者庁ウェブサイト＊「Q&A集」【法改正後のQ&A（令和4年6月1日から）】
従事者	改正法11条1項に定める公益通報対応業務従事者
従事者指定義務	改正法11条1項に定める、従事者を指定する義務
体制整備義務	改正法11条2項に定める、同法3条1号及び6条1号に定める公益通報に応じ、適切に対応するために必要な体制の整備その他の必要な措置をとる義務
法定守秘義務	改正法12条に定める、従事者及び従事者であった者が負う守秘義務

＊https://www.caa.go.jp/policies/policy/consumer_partnerships/whisleblower_protection_system/faq/

【著者略歴】

中原　健夫（なかはら　たけお）

弁護士法人ほくと総合法律事務所
1993年早稲田大学法学部卒業、1998年弁護士登録、1998〜2002年国内系法律事務所、2002〜2005年生命保険会社企業内弁護士、2005〜2007年渉外系法律事務所、2007〜2008年国内系法律事務所、2008年弁護士法人ほくと総合法律事務所開設・代表パートナー就任。内部通報に関する書籍・論稿・講演多数。

結城　大輔（ゆうき　だいすけ）

のぞみ総合法律事務所
1996年東京大学法学部卒業、1998年弁護士登録、2010年米国University of Southern California（LL.M.）修了、2012年ニューヨーク州弁護士登録、2015年公認不正検査士登録。2000〜2002年日本銀行、2008〜2013年韓国・米国法律事務所出向。2016年〜日本公認不正検査士協会理事、2019年〜リーガル・リスクマネジメント研究機構代表理事。

横瀬　大輝（よこせ　たいき）

堂島法律事務所
2008年慶應義塾大学法学部法律学科卒業、2011年早稲田大学大学院法務研究科修了、2013年弁護士登録、弁護士法人ほくと総合法律事務所（東京オフィス）入所。2020年堂島法律事務所入所。主な取扱分野は、コンプライアンス・ガバナンス関連業務、内部通報制度構築支援業務、不祥事対応・危機管理業務等、人事労務、その他企業法務全般。

福塚　侑也（ふくづか　ゆうや）

のぞみ総合法律事務所
2016年大阪大学法学部卒業。2018年中央大学大学院法務研究科法務専攻修了。2019年弁護士登録、のぞみ総合法律事務所入所。2023年7月より公正取引委員会審査局（任期付職員）採用、現在に至る（採用に伴い弁護士登録抹消中）。なお、本書は2023年6月までに脱稿したものであり、本書に係る意見は個人的意見であって、公正取引委員会としての見解を述べるものではない。

目　次

第1章　内部通報システムの重要性と
公益通報者保護法

第2章　令和2年改正を踏まえた
実務設計上の14の重要論点

第3章　改正法時代の通報対応実務マニュアル

第 1 章

内部通報システムの重要性と公益通報者保護法

1 | 内部通報の重要性

　企業の多くは、不正や不祥事の予防のため、コンプライアンスのPDCA（Plan-Do-Check-Act）に取り組んでいる。

　もっとも、企業活動は、その役職員等の活動の積み重ねによるものである以上、ミスが発生したり、不正が発生したりすることをゼロにすることは不可能である。このミスや不正が早期に発見できず、むしろ隠蔽されるなどしてしまい、その後に内部告発によって世間の知るところとなると、企業が被るダメージは非常に大きなものとなる。そのため、このような内部告発によるダメージを受けることを回避するためにも、企業内のミスや不正を企業自身が早期に発見することこそ非常に重要な取組みであるといえる。

　そのような取組みとしては、内部監査を含め、様々なものがあるが、最も有効な取組みは、企業内のミスや不正を認識している役職員等からその内容を企業自身に対して申告してもらう内部通報を促進させることであると考えている。実際のところ、内部監査等に比べて、内部通報により発見されることが圧倒的に多いという調査結果も存在するので[1]、内部通報の促進は企業内のミスや不正の早期発見につながると考えている。

1　公認不正検査士協会（Association of Certified Fraud Examiners〈ACFE〉）が世界133カ国と23業種の組織について行った調査結果をまとめた「2022年度版　職業上の不正に関する国民への報告書」によれば、不正発見の手段は、通報が約42％であり、2位の内部監査の約16％を大きく上回っている（日本語訳資料が、https://www.acfe.jp/wp-content/uploads/2023/01/RTTN-2022_JP02.pdfで公表されている）。また、2016年の消費者庁の実態調査でも、社内の不正発見の端緒として最も多いものは「従業員等からの内部通報（通報窓口や管理職等への通報）」であり（58.8％）、2位の「内部監査（組織内部の監査部門による監査）」の37.6％を大きく上回っている（「平成28年度　民間事業者における内部通報制度の実態調査報告書」58頁参照）。

内部通報とは、いわゆる内部通報制度の受付窓口を設置し、そこに申告してもらうことのみを指すものではない。企業内のミスや不正を認識している役職員等が、その内容を企業自身に対して申告するものであれば、それは内部通報となる。企業としては、内部通報制度の受付窓口への通報のみならず、職制上のレポーティングラインにおける内部通報も含め、企業内のミスや不正を企業自身として発見できる内部通報全般を促進させることこそ、コンプライアンス経営の要の1つであるといっても過言ではないと認識すべきである。

---

2 ｜ 旧法の成立

　このように不正行為等を発見するための手段として大きな意義が認められるようになった内部通報が、日本で注目を集めるようになったのは、旧法の成立に向けた検討が始められた2001年頃である。米国で、エンロン、ワールドコムといった世界的大企業の不正が内部告発によって明らかになり、内部告発者を保護し、その不利益な取扱いに対して刑事罰まで定めた企業会計改革法（Sarbanes-Oxley Act of 2002。サーベンス・オクスリー法。いわゆる「SOX法」）が成立した時期である。日本でも、三菱自動車工業のリコール隠しが内部告発によって発覚し、経営幹部の刑事事件に至り、雪印食品の牛肉原産地偽装も内部告発によって発覚し、経営幹部の刑事事件に至ったのみならず、企業が解散に追い込まれた。このような重大な不正の頻発によって、コンプライアンスや内部告発といった言葉が広まった時期であった。また、ヤミカルテルを新聞社や公正取引委員会に内部告発した従業員に対して長年にわたって不利益な取扱いを続けたトナミ運輸について損害賠償責任が認められた判決も世間の注目を集め、2004年6月、公

図表1－1　旧法の概要

骨子	公益通報をしたことを理由とする不利益な取扱いの禁止
公益通報	①　労働者が ②　不正の目的なく ③　労務提供先又はその事業に従事する場合の役職員等につき ④　通報対象事実が生じ又はまさに生じようとしている旨を ⑤　a）労務提供先又はあらかじめ定めた者に対し（内部通報） 　　　b）処分・勧告等できる行政機関に対し（行政機関通報） 　　　c）発生・被害拡大防止に必要な者に対し（外部通報） ⑥　通報すること
通報対象事実	一定の対象法令の刑罰規定違反行為等
保護要件	a）　内部通報：通報対象事実が生じ、又はまさに生じようとしていると思料する場合 b）　行政機関通報：通報対象事実が生じ、又はまさに生じようとしていると信ずるに足りる相当の理由がある場合（真実相当性） c）　外部通報：b）＋以下の5つのいずれかに該当する場合 　イ　内部通報又は行政機関通報をすれば解雇その他不利益な取扱いを受けると信ずるに足りる相当の理由がある場合 　ロ　内部通報をすれば通報対象事実に係る証拠が隠滅され、偽造され、又は変造されるおそれがあると信ずるに足りる相当の理由がある場合 　ハ　労務提供先から内部通報又は行政機関通報をしないことを正当な理由がなくて要求された場合 　ニ　書面（メール等を含む）により内部通報をした日から20日を経過しても、通報対象事実について、労務提供先等から調査を行う旨の通知がない場合又は労務提供先等が正当な理由がなくて調査を行わない場合 　ホ　個人の生命又は身体に危害が発生し、又は発生する急迫した危険があると信ずるに足りる相当の理由がある場合

益通報を行った者に対して、公益通報を理由とする不利益取扱いを禁止する旧法が成立し、2006年4月に施行された。

　旧法の成立に至る過程では、内部告発者の保護を厚くして、企業の不正

を摘発すべきという立場からは、SOX法のような刑事罰を設けることや、内部告発を幅広く保護すべきといった意見が出される一方、企業等による自浄作用に期待すべきとする企業側の意見や、内部告発は裏切りで武士道に反するといった否定的見解まで出され、議論が大きく対立した。調整の結果として、いわば「小さく産んで大きく育てる」との考えに基づき、旧法が成立し（図表1-1）、附則2条には、施行後5年を目途として、施行の状況について検討を加え、その結果に基づいて必要な措置を講ずると定められた。

3 令和2年改正までの状況

2006年4月に旧法が施行された後、令和2年改正が2022年6月に施行されるまでに約16年を要したことになるが、この期間を簡単に振り返ってみたい。

2006年4月に旧法が施行された後、前述した附則2条に基づいて、2010年6月から消費者委員会が公益通報者保護専門調査会を設置して検討を重ねたが、改正論と慎重論が対立して一致せず、改正は見送られ、公益通報者保護に関する制度の実態把握や、さらなる周知啓発の必要性が指摘されるにとどまった。

もっとも、2016年の消費者庁の実態調査では、従業員が3,000人超の企業の99％以上が内部通報制度を導入していると回答した（「平成28年度　民間事業者における内部通報制度の実態調査報告書」11頁参照）。一方で、受け付けた内部通報の件数については、従業員3,000人超の企業で、過去1年間の通報件数が10件以下とする回答が合計37.7％にも上った（同報告書44頁参照）。また、同年に行われた消費者庁の意識調査では、内部通報制度

を利用することによる不利益取扱いへの不安の声が顕著に見受けられた（「平成28年度　労働者における公益通報者保護制度に関する意識等のインターネット調査報告書」20頁等参照）。

　一方2013年12月10日の閣議決定「「世界一安全な日本」創造戦略」には、「公益通報者保護法の趣旨を踏まえ、事業者・団体における法令遵守の取組強化や内部通報制度の整備・導入を促進する」と明記された[2]。

　また、2015年3月24日の閣議決定「消費者基本計画」には、「公益通報者保護制度について、消費者の安全・安心に資するものであり、制度の実効性を向上させていくことは社会全体の利益を図る上で有用であるという意義を踏まえ、消費者教育の場も活用して周知・啓発を行うほか、制度の見直しを含む必要な措置の検討を早急に行った上で、検討結果を踏まえ必要な措置を実施する」と明記された[3]。

　さらに、東京証券取引所が2015年6月1日に定めたコーポレートガバナンス・コードも、上場会社に対し内部通報制度の整備を求めている。

【原則2-5　内部通報】
　上場会社は、その従業員等が、不利益を被る危険を懸念することなく、違法または不適切な行為・情報開示に関する情報や真摯な疑念を伝えることができるよう、また、伝えられた情報や疑念が客観的に検証され適切に活用されるよう、内部通報に係る適切な体制整備を行うべきである。取締役会は、こうした体制整備を実現する責務を負うとともに、その運用状況を監督すべきである。

【補充原則2-5①】

2　「「世界一安全な日本」創造戦略」（2013年12月10日）41頁参照。
3　「消費者基本計画」（2015年3月24日）28頁参照。

上場会社は、内部通報に係る体制整備の一環として、経営陣から独立した窓口の設置（例えば、社外取締役と監査役による合議体を窓口とする等）を行うべきであり、また、情報提供者の秘匿と不利益取扱の禁止に関する規律を整備すべきである。

このような流れを受け、消費者庁は、以下のとおり、内部通報制度の実効性向上に向け、「公益通報者保護法に関する民間事業者向けガイドライン（旧民間ガイドライン）」を大幅に改訂するとともに、内部通報制度に関する認証制度を導入した。

・旧民間ガイドラインの改訂（2016年12月）……旧法成立後・施行前の2005年に、内閣府国民生活局（当時）が定めた旧民間ガイドラインを大幅に改訂し、企業が取り組むことが推奨される事項を具体的かつ詳細に明示した。

・自己適合宣言登録制度の導入（2019年2月）……民間ガイドラインにのっとり適切に内部通報制度を運用し、コンプライアンス経営の推進に積極的に活用する企業を評価する認証制度を導入した[4,5]。

また、2018年には、旧法の改正に向けて、内閣総理大臣の諮問を受け、消費者委員会に公益通報者保護専門調査会が設置され、同年12月には報告書を答申した。これに対して2019年に行われたパブリック・コメント手続で得られた意見[6]を踏まえて検討が続けられ、2020年の通常国会に改正法案が提出され、これが同年6月8日に成立、同月12日に公布され、2022年6月1日に施行された。

4　現在、自己適合宣言登録制度については、改正法の施行状況や事業者の要望等も踏まえつつ新たな制度を検討することとして、当面の間、休止とされている。

5　認証制度としては、自己適合宣言登録制度のほかに、第三者認証制度も導入される予定とされているが、その時期や詳細は現時点で定まっていない。

6　「「公益通報者保護専門調査会報告書」に関する意見募集の結果について」（2019年5月8日）

4 ｜ 令和 2 年改正の概要

　令和 2 年改正の趣旨は、一言で表せば「公益通報者の保護を強化・拡大する」ものである。具体的には、主な改正点を以下のとおり整理することができる。

(1)　事業者に対して必要な体制整備を義務付けた点

　事業者に対し、従事者を指定する義務を定めるとともに（法11条 1 項）、その他公益通報に適切に対応するために必要な体制の整備その他の措置をとる義務を定めた（同条 2 項）。なお、常時使用する労働者の数が300人以下の事業者については、これらの義務は努力義務とされている（同条 3 項）。

　これらの従事者指定義務及び体制整備義務の具体的内容については、次項で紹介している指針及び指針解説が明らかにしている。

　また、これらの従事者指定義務及び体制整備義務に関し必要があると認めるときは、事業者に対する報告徴収並びに助言、指導及び勧告することができ（法15条）、勧告に従わない事業者に対しては、その旨を公表することができるとされている（法16条）。

(2)　法律上の守秘義務を定めた点

　従事者又は従事者であった者について、正当な理由がなく、公益通報対応業務に関して知り得た事項であって公益通報者を特定させるものを漏らしてはならないとする法律上の守秘義務が定められ（法12条）、これに違反した者には30万円以下の罰金という刑事罰が定められた（法21条）。

⑶　行政機関通報、外部通報の保護要件を緩和した点

　令和2年改正は、処分等の権限を有する行政機関への通報（行政機関通報）及び報道機関等への通報（外部通報）について、それぞれ図表1－2のとおり公益通報者の保護要件を緩和し、行政機関や報道機関等への通報を行いやすくする改正がなされている。

⑷　公益通報者及び通報対象事実の範囲を拡大した点

　令和2年改正は、これまで公益通報者の定義に含まれていなかった役員及び退職者（退職後1年以内）を新たに追加した（法2条1項）。

　また、旧法は、通報対象事実の内容を刑事罰の対象となる行為と定めているが、令和2年改正は、これに行政罰の対象となる行為を追加した（法2条3項）。

図表1－2　公益通報者の保護要件の緩和

保護要件（法3条）	処分等の権限を有する行政機関（監督官庁）への通報（行政機関通報）	・通報内容に信じるに足りる相当の理由があること（＝真実相当性。旧法と同じ）又は ・以下の保護要件を追加 　通報対象事実が生じ、又は生ずるおそれがあると思料し、かつ、氏名、住所等の必要事項を記載した書面の提出を行う場合（法3条2号）
	被害の発生・拡大防止等のために必要と認められる者（報道機関や消費者団体等）への通報（外部通報）	・旧法の5つの場面に以下を追加 　内部通報により公益通報者について知り得た事項の漏えいのおそれ（法3条3号ハ） ・旧法ホについて、生命・身体への危害に加え、回復不可能又は著しく多数の個人における多額の財産損害について追加（法3条3号へ）

5 指針・指針解説の概要

(1) 指針・指針解説の公表に至る経緯

令和2年改正は、事業者の従事者指定義務・体制整備義務を定める11条1項・2項について必要な指針を定めることとし（同条4項）、これを受けた「公益通報者保護法に基づく指針等に関する検討会」が開催され、2021年4月28日、同検討会の報告書が公表され、その別添として、指針案が示され、これらについてパブリック・コメント手続が開始された（同年5月31日まで）。

2021年8月20日、かかるパブリック・コメントの結果が公表されるとともに、ほぼ指針案の内容のままで指針が確定され（令和3年内閣府告示第118号）、その後、さらに同年10月13日、指針解説が公表された。

(2) 指針の概要

指針は全4頁、第1ないし第4の4項で構成されている。

「第1　はじめに」は、指針の全体像を説明している。

「第2　用語の説明」は、用語の定義を整理している。ここで、「内部公益通報」「範囲外共有」等の用語が新たに定義されている。

「第3　従事者の定め」は、法11条1項を受けて、従事者として定めるべき者の範囲や指定の方法について定めている。

「第4　内部公益通報対応体制の整備その他の必要な措置」は、法11条2項を受けて、部門横断的な公益通報対応業務を行う体制の整備に関する措置（1項）、公益通報者を保護する体制の整備に関する措置（2項）、内部公益通報対応体制を実効的に機能させるための措置（3項）の3項目で

構成されている。

(3) 指針解説の概要

指針解説は全23頁から構成され、指針に関する検討会報告書の内容と、民間ガイドラインを統合して盛り込む形で整理されている。

指針解説は、「第2　本解説の構成」に記載されているとおり、①指針の本文、②指針の趣旨、③指針を遵守するための考え方や具体例、④その他の推奨される考え方や具体例、という構成となっている。

したがって、事業者には、まず、③指針を遵守するための考え方や具体例の記載内容を踏まえつつ、指針に沿った対応を検討し、体制を整備・運用することが求められている。その上で、④その他の推奨される考え方や具体例の記載内容を参考に、コンプライアンスの取組みに活かすことが期待されている。

第 2 章

令和2年改正を踏まえた
実務設計上の
14の重要論点

1　体制整備義務総論

(1)　企業に求められる従事者指定義務と体制整備義務

法11条により、常時使用する労働者の数が300人超の事業者は、公益通報に関してとるべき措置として、以下の義務を負う。

① 　公益通報対応業務に従事する者を定める義務（法11条１項）

② 　公益通報に応じ、適切に対応するために必要な体制の整備その他の必要な措置をとる義務（法11条２項）

本書では、①を従事者指定義務、②を体制整備義務と呼ぶ。これらの従事者指定義務及び体制整備義務に関しては、消費者庁が公表した指針及び指針解説に従った対応が求められる。

②の体制整備義務は、公益通報者の保護を図るとともに、公益通報の内容の活用により国民の生命、身体、財産その他の利益の保護にかかわる法令の規定の遵守を図ることを目的として、公益通報に適切に対応するための措置を幅広く求めるものである。そのうちの１つとして具体的に定められたのが従事者指定義務である。

(2)　法的義務と努力義務

従事者指定義務及び体制整備義務は、常時使用する労働者の数が300人超の事業者に対する法的義務として定められ、その実効性を確保する措置として、消費者庁長官は、事業者に対して、報告を求め、又は助言、指導若しくは勧告及び勧告に従わない場合の公表という行政措置を行うことができる旨が定められている（法15条、16条）。これに対し、常時使用する労働者の数が300人以下の事業者については、従事者指定義務及び体制整備

義務は努力義務にとどまるものとされている（法11条3項）。

　この点、第1章3（本書6〜7頁）でも触れたコーポレート・ガバナンスコード原則2-5が内部通報に係る適切な体制整備を行うべきと規定するため、上場企業、特に同原則の適用対象とされている東証プライム市場・スタンダート市場上場企業はもちろん、適用対象とはされていないグロース市場上場企業やグロース市場上場を目指すIPO準備企業の多くが、常時使用する労働者の数が300人以下であっても、特に通報窓口や内部規程の整備等の一定の体制整備に努めている。

　また、常時使用する労働者の数が300人以下の事業者については、従事者指定義務及び体制整備義務が努力義務にとどまるといえども、内閣総理大臣から権限を委任された消費者庁長官は、事業者に対して、報告を求め、又は助言、指導若しくは勧告を行うことが可能である（法15条）。ただし、法的義務の場合と異なり、勧告に従わない場合の公表は規定されていない（法16条には、法15条のような括弧書きがない）。

　なお、本章2以下では、これらの従事者指定義務及び体制整備義務に関連して、制度設計上の実務的問題点について解説をする。特に断りのない限り、常時使用する労働者が300人超の企業、すなわち法的義務としての従事者指定義務及び体制整備義務を負う企業を想定する。

(3)　常時使用する労働者とは

　前項で述べた法的義務と努力義務を区分する基準となる「常時使用する労働者」（法11条3項）の意味について、まず「常時使用」については、常態として使用する労働者を意味するとされており、繁忙期のみに一時的に雇用される労働者は含まれないと考えられる[1]。

1　就業規則の作成・届出義務を規定する労働基準法89条の「常時十人以上の労働者を使用する使用者」との規定において、常態として使用する労働者を意味するとされているのと同様である。

「使用する」とは、各事業者と指揮命令関係がある場合である。

「労働者」については、法2条1項1号が労働基準法9条の「労働者」、すなわち、「職業の種類を問わず、事業又は事務所に使用される者で、賃金を支払われる者」をいうと定義されている。

パート、アルバイト、契約社員、非正規社員、出向者や派遣労働者については、それらの者が、常態として使用する、労働基準法9条に規定する労働者に該当するか否かによって個別に判断される（以上につき、消費者庁Q&Aの「内部公益通報対応体制の整備に関するQ&A」Q3、Q4参照）。

2 従事者指定の範囲・方法

(1) 総　論

指針第3－1は、以下の4つの要件を満たす者について、従事者として指定しなければならないとする。

---

① 内部公益通報受付窓口において受け付ける

② 内部公益通報に関して

③ 公益通報対応業務を行う者であり、

　かつ、

④ 当該業務に関して公益通報者を特定させる事項を伝達される者

事業者としては、上記①～④の全ての要件を満たす者については従事者として指定する義務を負う。

要件①の「内部公益通報受付窓口」とは、「内部公益通報を部門横断的

に受け付ける窓口」を意味する（指針第2）。したがって、内部公益通報受付窓口の担当者でない上長等に対し内部公益通報がされた場合、すなわち、職制上のレポーティングラインにいる者に対する内部公益通報は「内部公益通報受付窓口において受け付ける内部公益通報」ではないため、当該上長等を従事者として定める必要はない（消費者庁Q&A「従事者に関するQ&A」Q7）。これは、職制上のレポーティングラインにいる者を従事者として定めなければならないとした場合、法定守秘義務が課されることになる結果、部下や同僚等からの報告、連絡、相談等の内容を第三者と共有することに萎縮効果が生じ、通常業務の実施に支障が生ずるおそれがあると考えられたためとされる（逐条解説233〜234頁参照）。

　要件②の「内部公益通報」とは、法3条1号及び6条1号に定める公益通報をいう（指針第2）。

　要件③の「公益通報対応業務」とは、(1)内部公益通報を受ける業務、(2)内部公益通報に係る通報対象事実を調査する業務、(3)内部公益通報に係る是正に必要な措置をとる業務の3つに細分化される（法11条1項。それぞれの業務を、便宜上、「受付業務」「調査業務」「是正措置業務」という）。

　また、指針解説第3−Ⅰ−1−③は、「内部公益通報の受付、調査、是正に必要な措置の全て又はいずれかを主体的に行う業務及び当該業務の重要部分について関与する業務を行う場合」に「公益通報対応業務」に該当するとしている。主体的に行っておらず、かつ、重要部分について関与していない者の例としては、社内調査等におけるヒアリングの対象者、職場環境を改善する措置に職場内において参加する労働者等、製造物の品質不正事案に関する社内調査において品質の再検査を行う者等であって、内部公益通報の内容を伝えられたにとどまる者等が挙げられている（消費者庁Q&A「従事者に関するQ&A」Q1）。

　要件④の「当該業務に関して公益通報者を特定させる事項」とは、法12条に定める「公益通報対応業務に関して知り得た事項であって公益通報者

を特定させるもの」（通報者特定事項）を意味する。この意味については、本章8(1)及び(3)を参照されたい。

(2) 包括指定・個別指定

ア 包括指定・個別指定の意義

従事者の指定方法としては、「包括指定」と「個別指定」の2種類がある。

「包括指定」とは、内部公益通報受付窓口において受け付ける内部公益通報に関して公益通報対応業務を行うことを主たる職務とする部門の担当者やその報告を受ける上長（上司）らを、事前に、包括的に従事者として定める方法である。これに対して、「個別指定」とは、事案に応じて必要が生じた都度、従事者として指定する方法である。

イ 受付担当者・責任者・社外窓口担当者

指針解説第3－Ⅰ－1－③では、「事業者は、内部公益通報受付窓口において受け付ける内部公益通報に関して公益通報対応業務を行うことを主たる職務とする部門の担当者を、従事者として定める必要がある」としており、窓口担当者については包括指定をすることを前提にしている。また、従事者として指定すべき場合を定めた指針第3－1は、要件④について、「当該業務に関して公益通報者を特定させる事項を伝達される者」と表現しており、「伝達された者」とはなっていない。このことからすると、通報者特定事項が「伝達された」後に従事者指定をするのではなく、通報者特定事項が「伝達される」前に従事者指定をしなければならないと解される。内部通報窓口の受付担当者は、内部公益通報に該当する事案を受け付けた際に、通報者の氏名などの通報者特定事項を知る可能性がある。もし実際に内部公益通報に該当する事案が顕名で通報されてきた場合には、受付担当者は、その時点で指針第3－1が定める従事者指定をすべき場面

の要件を満たしているため、事後的に個別指定しようとすると、たとえ瞬間的にであったとしても、通報者特定事項が「伝達された」後に従事者指定をすることになってしまう。そのため、各種の内部通報窓口の受付担当者については、個別指定をすることはできず、包括指定をするべきである。

次に、内部通報窓口の受付担当者の上司で、受付業務そのものは直接担当しないものの、内部通報窓口の運営について責任を負っている者（例えば、コンプライアンス部に内部通報窓口を設置した場合のコンプライアンス部長など）について解説する。指針解説第３－Ⅰ－１－③は「内部公益通報の受付、調査、是正に必要な措置の全て又はいずれかを主体的に行う業務及び当該業務の重要部分について関与する業務を行う場合」に、公益通報対応業務に該当するとしている。上記のような責任者は、直接的には受付業務を担当しないものの、受付担当者から報告を受けてその後の対応策を検討したり、調査体制を検討したりする権限を有することが一般的であり、報告を受ける通報・相談の中には、内部公益通報に該当するものも含まれ、また、責任者として適切な判断を行うためには通報者特定事項も併せて共有される必要がある。そのため、内部通報窓口の受付担当者の上司（責任者）については、「受付……に必要な措置……を主体的に行う業務及び当該業務の重要部分について関与する業務」を行っており、当該業務に関して公益通報者を特定させる事項を伝達される者であるといえることから、包括指定するべきである。

また、社外窓口（例えば、第三者機関の窓口、法律事務所の窓口、親会社の窓口など）の受付担当者についても、社内の内部通報窓口の受付担当者と同様に、包括指定するべきである。もっとも、委託者である企業にとっては社外窓口の受付担当者の具体的な氏名までは把握できないこともあろう。そこで、企業としては、例えば、社外窓口と締結する契約書等で、「○○会社が書面により従事者指定をする受付業務担当者」や「○○法律事務所が書面により従事者指定をする受付担当弁護士」を従事者として包

括指定する旨を定め、社外窓口において指定してもらい、社外窓口に問い合わせれば具体的な氏名を知らせてもらえるような体制を構築しておく方法が考えられるであろう。このような方法により、具体的な従事者指定については社外窓口に委託しているものと整理することができ、企業としての従事者指定義務を履行していると整理できるであろう。

なお、例えば、親会社窓口が子会社従業員から通報を受け付けた際に、当該親会社窓口でその後の対応をするべき事案か、それとも子会社窓口に連携して子会社窓口にてその後の対応をするべき事案かを検討した上で、いずれの窓口で対応するかを振り分けるという制度設計の場合であっても、当該親会社窓口の受付担当者については、包括指定するべきであろう。

ウ　調査担当者

内部公益通報受付窓口において受け付ける内部公益通報の調査業務について、主体的に関与又は重要部分について関与する場合には、公益通報対応業務として調査業務を行っているといえる。

このような調査担当者を従事者として定めるに当たっては、包括指定と個別指定の双方が考えられる。

まず、内部公益通報がなされる都度、責任者が、調査対象の事案に応じて、他の役職員を個別指定し、調査業務に関与するよう指示するという方法が考えられる。個別指定を認める制度設計の場合には、責任者に、内部通報事案に関する調査チームを組成したり、調査を指示したりするとともに、個別指定をする権限をあらかじめ与えておく必要がある。企業として一定の場合には従事者指定義務を負い、かかる義務に違反した場合には行政上の措置がなされる可能性があることからすれば（法15条、16条）、内部規程等において、調査担当者の個別指定の権限や手順などについて、あらかじめ定めておくべきである。なお、指針第３－１が「当該業務に関して

公益通報者を特定させる事項を伝達される者」と表現しており、「伝達された者」とはなっていないことから、個別指定の場合、通報者特定事項が「伝達される」前に個別指定しておく必要があることに注意が必要である。

　また、調査担当者の従事者指定に関しては、包括指定と個別指定を組み合わせるという制度設計も考えられる。例えば、内部公益通報事案の調査を主に担当する部署の責任者や担当者を調査業務担当者として包括指定しておくとともに、当該責任者に個別指定の権限を与えておき、必要な都度、当該責任者が個別指定をするという制度設計が考えられる。

エ　是正措置担当者

　内部公益通報受付窓口において受け付ける内部公益通報の是正措置業務について、主体的に関与又は重要部分について関与する場合には、公益通報対応業務として是正措置業務を行っているといえるところ、通報者特定事項を伝える場合には、従事者として指定する必要がある。

　もっとも、通報者特定事項については「必要最小限の範囲を超えて共有する行為」（範囲外共有）を防止する措置を講じる必要がある（指針第4－2－(2)）。既に調査が終了し、一定の結論が出た後の是正措置に関して、わざわざ当該事案が内部通報を端緒とする事案であることや通報者が誰であったかを是正措置の担当者に対して共有する必要があるかどうかは、慎重な検討が必要である。是正措置担当者の従事者指定については、通報者特定事項を共有する必要があるかどうかを個別事案に応じて慎重に検討した上で、必要がある場合に個別指定をするという方法が主なものになると考えられる。ただし、例えば、是正措置の内容等を常に少人数のコンプライアンス委員会において議論することにしている場合において、当該委員会のメンバーを事前に是正措置担当者として包括指定しておくということもあり得るであろう（範囲外共有防止の要請があるため、包括指定した場合でも、通報者特定事項を常に共有してよいという訳ではない）。

なお、調査担当者と同様に、内部規程等において、是正措置担当者の個別指定の権限や手順などについて、あらかじめ定めておくべきである。

(3) 従事者指定書

ア 基本的な書式

従事者の指定に関して、指針では、従事者の地位に就くことが従事者となる者自身に明らかになる方法によって定めることが求められている（指針第3-2）。従事者に対して、法定守秘義務（本章8参照）を負うことや通報者特定事項を慎重に取り扱うよう注意喚起するためである。

従事者指定については、記録に残すためにも、メールや書面で通知するという運用とするべきである。従事者指定の方法としては、包括指定と個別指定の2種類があり得るところ、書面で通知する場合のサンプルとしては、それぞれ、次のような書式が考えられる。

　　　　　　　　　　　　　　　　　　　　　　　＿＿＿＿年＿＿月＿＿日

＿＿＿＿＿＿殿

従事者指定書

（包括指定）

株式会社●●

●●　●●　印

従事者指定日：＿＿＿＿＿年＿＿月＿＿日

　当社は、［公益通報者保護法第11条第1項or◆◆規程第◆条第◆項］に基づき、貴殿がコンプライアンス部に設置する▲▲窓口の担当者である期間、当該窓口に通報された公益通報者保護法に定める内部公益通報に該当する事案の処理に関し、貴殿を公益通報対応業務従事者として指定する。

以上

＿＿＿＿＿年＿＿月＿＿日

＿＿＿＿＿＿＿殿

従事者指定書

（個別指定）

株式会社●●

●●　●●　印

従事者指定日：＿＿＿＿＿年＿＿月＿＿日

　当社は、［公益通報者保護法第11条第1項or◆◆規程第◆条第◆項］に基づき、コンプライアンス部に設置する▲▲窓口に通報されたNo＿＿＿＿＿＿の対象事案に関し、貴殿を公益通報対応業務従事者として指定する。

以上

イ　子会社が親会社の共通窓口を子会社の通報窓口として指定する場合の書式

　子会社B社（常時使用する労働者数が300人超とする）において、その役職員が親会社A社の設置した内部通報窓口をグループ共通の内部通報窓口として利用できるようにあらかじめ定めているという制度設計の場合、子会社B社は、親会社A社の当該窓口の受付担当者について、あらかじめ従事者として包括指定をしなければならない。書面で通知する場合のサンプルとしては、次のような書式が考えられる。

＿＿＿＿＿年＿＿月＿＿日

A社　担当者

従事者指定書

（包括指定）

B社

●●　●●　印

従事者指定日：＿＿＿＿＿＿年＿＿＿月＿＿＿日

　当社は、貴社の●●窓口の受付担当者を、公益通報者保護法に定める内部公益通報に該当する事案の処理に関する当社の公益通報対応業務従事者として指定する。

以上

　また、子会社B社における内部公益通報事案が親会社A社の当該窓口に通報され、その調査に当たり通報者特定事項を伝達するときは、子会社B社は、当該事案の調査を行う者を従事者指定しなければならない。このような場合、親会社A社が子会社B社に情報共有せずに親会社A社の役職員のみにより調査を行う場合もあり得るため、子会社B社があらかじめ親会社A社に従事者指定権限を委託しておくという制度設計も考えられる。

　このような制度設計において親会社A社が子会社B社における内部公益通報事案の調査を行う者について従事者指定をする場合には、「従事者指定書（個別指定）」について、以下のように定めることが考えられる。すなわち、名義を子会社B社から従事者指定権限を委託された親会社A社（又はその役職員）とするとともに、指定の根拠規定として子会社B社の規程を引用しつつ、B社の対象事案である旨を明記することが考えられる。

＿＿＿＿＿＿年＿＿＿月＿＿＿日

＿＿＿＿＿＿＿＿殿

従事者指定書

```
                        （個別指定）

                                A社

                                ●●　●●　印

                                ※A社役職員

    従事者指定日：_____年___月___日

      当社は、［公益通報者保護法第11条第１項orB社の◆◆規程第◆条
    第◆項］に基づき、コンプライアンス部に設置する▲▲窓口に通報さ
    れたB社に関するNo_____の対象事案に関し、貴殿を公益通報対
    応業務従事者として指定する。

                                            以上
```

⑷　誓　約　書

　本章８で詳述するとおり、従事者に指定された者は、公益通報対応業務
に関して知り得た事項であって公益通報者を特定させるものを正当な理由
なく漏らしてはならないという法定守秘義務を負う（法12条）。従事者指
定された者がこのような法定守秘義務を負うということを理解してもらう
とともに、もし違反をした場合には社内処分等や刑事罰を科される可能性
があるということについて理解をしてもらった上で、業務に従事してもら
う必要がある。このような観点から、例えば、通報窓口の窓口担当者から
次のような誓約書を取得するということが考えられる。なお、このような
誓約書の取得が必須ということではない。

```
  株式会社●●　●●　御中
                    誓約書
    私は、ホットラインの業務にあたり、次の点について確認し、誓約
  します。
```

1．ホットラインの業務を遂行するにあたって知り得た一切の情報の秘密を保持し、当社が認める範囲以外の者に対して、開示、提供又は漏えいしません。

2．本件秘密情報をホットラインの業務遂行以外の目的に利用しません。

3．取り扱う通報が公益通報者保護法に定める内部公益通報に該当する場合には、本件秘密情報のうち通報者を特定させる情報について公益通報者保護法第12条に基づく守秘義務を負うことを確認します。

4．通報者や調査協力者に対して、通報や調査協力を理由としたいかなる不利益な取扱いも行いません。

5．上記1から4のいずれかに違反した場合には社内処分等を科される可能性があること、上記3に違反した場合には刑事罰を科される可能性があることを確認します。

(5) 従事者管理簿

法11条1項に基づく従事者指定義務を怠った場合、法15条及び16条に基づく報告の徴収並びに助言、指導及び勧告、勧告に従わない場合の公表の対象となり得るため、誰を従事者として指定しているかについては、適切に記録・管理しておくことが重要な意味を持つ。

そのため、案件ごとに一覧表などを用いて指定した従事者を管理するのが1つの望ましい方法と考えられる。具体的には、指定した従事者の氏名、部署・役職、担当業務内容（受付業務、調査業務、是正措置業務のいずれか又は全部）、指定日付、通報者特定事項の伝達日付などを一覧表で記録することが考えられる。指定日付と通報者特定事項の伝達日付をいずれも記録するのは、従事者の指定後に通報者特定事項を伝達したことを明確に

するためである（従事者指定と通報者特定事項を伝達した日が同じ日である場合は、「指定後」に通報者特定事項を共有したことも併せて明記しておくのがよいであろう）。

　以上を踏まえた、図表２－１の事例における従事者の管理一覧表としては、図表２－２のようなものが考えられるであろう。

図表２－１　設定事例

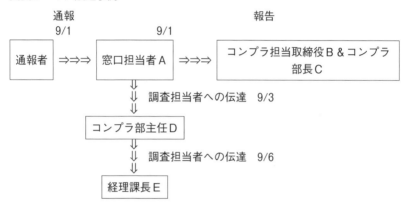

図表２－２　図表２－１の事例における従事者の管理一覧表

氏名	部署・役職等	担当業務	従事者指定日	通報者特定事項伝達日
A	コンプラ部主任	受付	2022/6/1	2022/9/1（受付日）
B	コンプラ担当取締役	受付・調査	2022/6/1	2022/9/1（Aからの報告日）
C	コンプラ部部長	受付・調査	2022/6/1	2022/9/1（Aからの報告日）
D	コンプラ部主任	調査	2022/9/3	2022/9/3（指定後）
E	経理課長	調査	2022/9/6	2022/9/6（指定後）

なお、通報者特定事項については「必要最小限の範囲を超えて共有する行為」（範囲外共有）を防止する措置を講じる必要がある（指針第4-2-⑵）ところ、従事者に対してであれば通報者特定事項を常に伝達してよいということではなく、あくまでも必要最小限の範囲でなければならない点については、注意が必要である。

(6)　指定の解除の要否

　包括指定された役職員が所属部署を異動したり、個別指定された役職員が担当した調査業務を終了したりした際に、従事者指定を解除することが必要か、「解除書」を交付するべきかという相談を受けることがある。

　この点、法や指針において、従事者指定を解除すべきことは特段要求されておらず、「解除」の通知や「解除書」の交付が必須ということではない。ただし、法定守秘義務は従事者でなくなったとしても負い続けるので、部署異動や業務終了時点において、その後も法定守秘義務を負い続けることについて説明をしたり、あらかじめ指定時の「指定書」や「誓約書」において、部署異動後や業務終了後も法定守秘義務を負い続けることを明記したりしておくことも考えられる。

---

3 ｜ 「通報対象事実」の該当性判断

　本章2のとおり、従事者を指定しなければならない義務を負うのは、「内部公益通報」であるところ、「内部公益通報」とは、「法第3条第1号及び法第6条第1号に定める公益通報」と定められており（指針第2参照）、「公益通報」とは、法2条3項に定める「通報対象事実」に該当し得ることを前提とした定義とされているため（法2条1項参照）、従事者指定の要

否を検討する際に、通報された事実が法2条3項に定める「通報対象事実」に該当し得るかどうかを厳密に検討するという整理も考えられるところではある。そこで、法2条3項に定める「通報対象事実」の該当性について、その考え方を解説する。

(1) 通報対象事実とは

法2条3項に定める「通報対象事実」は、令和2年改正により、この法律（公益通報者保護法）及び別表に掲げる法律に規定する犯罪行為の事実に加えて、当該法律に規定する過料の理由とされている事実も対象とされた（法2条3項1号）。また、法2条3項に定める「通報対象事実」には、別表に掲げる法律の規定に基づく処分に違反することが前号に掲げる事実となる場合における当該処分の理由とされている事実[2]も対象とされている（法2条3項2号）。そして、この別表は、刑法、食品衛生法、金融商品取引法、日本農林規格等に関する法律、大気汚染防止法、廃棄物の処理及び清掃に関する法律、個人情報の保護に関する法律という7本の法律と政令（公益通報者保護法別表第八号の法律を定める政令）で定める法律（2023年6月1日現在、491本）を定めており、合計498本の法律となる。すなわち、この法律（公益通報者保護法）と合わせて、2023年6月1日現在、合計499本の法律が法2条3項に定める「通報対象事実」の該当性を検討する対象となっている。

通報された事実が、法2条3項に定める「通報対象事実」に該当するか否かを判断する場合には、まず、前述した対象となる法律に違反し得る事実か否かを判断する必要があり、次に、当該法律に定める刑事罰又は行政罰の対象となり得る事実か否かを判断する必要がある。つまり、通報され

---

2 当該処分の理由とされている事実が同表に掲げる法律の規定に基づく他の処分に違反し、又は勧告等に従わない事実である場合における当該他の処分又は勧告等の理由とされている事実を含む。

た事実が、前述した対象となる法律に違反し得る事実に該当しないなら
ば、法2条3項に定める「通報対象事実」に該当しないし、前述した対象
となる法律に違反し得る事実に該当するとしても、当該法律に定める刑事
罰又は行政罰の対象となり得る事実に該当しないならば、法2条3項に定
める「通報対象事実」に該当しないことになる。

(2) 通報対象事実該当性の判断の具体例について

　以下では、内部通報の中でも多くを占めるとされるハラスメントのうち
セクシャルハラスメントとパワーハラスメントについて、法2条3項に定
める「通報対象事実」該当性を具体的に検討してみたい。

　まず、セクシャルハラスメントは、その程度によっては、法の別表にあ
る「刑法」に定めるわいせつや強制性交等の罪（刑法174条〜182条）に該
当し得るため、そのような場合には、法2条3項に定める「通報対象事
実」に該当することになる。

　また、セクシャルハラスメントについては、公益通報者保護法別表第八
号の法律を定める政令にある「雇用の分野における男女の均等な機会及び
待遇の確保等に関する法律」（以下「男女雇用機会均等法」という）におい
て、事業主に対し、性別を理由とする差別が禁止されたり、職場における
性的な言動に起因する問題に関する雇用管理上の措置が定められたりして
いる。しかし、男女雇用機会均等法は、性別を理由とする差別を行った
り、職場における性的な言動に起因する問題に関する雇用管理上の措置を
怠ったりしたことに対する刑事罰・行政罰を定めていない。そのため、刑
法に定めるわいせつや強制性交の罪に該当し得ず、男女雇用機会均等法に
違反するレベルにとどまるセクシャルハラスメントは、同法に定める刑事
罰又は行政罰の対象となり得る事実に該当しないことから、法2条3項に
定める「通報対象事実」に該当しないことになる。

　次に、パワーハラスメントは、その程度によっては、法の別表に定める

「刑法」に定める傷害の罪（刑法204条～208条の２）や脅迫の罪（刑法222条、223条）に該当し得るため、そのような場合には、法２条３項に定める「通報対象事実」に該当することになる。

　また、パワーハラスメントについては、公益通報者保護法別表第八号の法律を定める政令にある「労働施策の総合的な推進並びに労働者の雇用の安定及び職業生活の充実等に関する法律」（以下「労働施策総合推進法」という）において、事業主に対し、職場における優越的な関係を背景とした言動に関する雇用管理上の措置が定められている。しかし、労働施策総合推進法に定める罰則は、職場における優越的な関係を背景とした言動に関する雇用管理上の措置を怠ったことに対する刑事罰・行政罰を定めていない。そのため、刑法に定める傷害や脅迫の罪に該当し得ず、労働施策総合推進法に違反するレベルにとどまるパワーハラスメントは、同法に定める刑事罰又は行政罰の対象となり得る事実に該当しないことから、法２条３項に定める「通報対象事実」に該当しないことになる。

(3)　従事者指定にあたっての実務的な整理

　以上によれば、セクシャルハラスメントとパワーハラスメントの内部通報は、その程度によって、従事者指定を要するか否かが変わることになる。

　もっとも、実際に受け付ける内部通報の対象とされる事実について、法２条３項に定める「通報対象事実」に該当するか否かを正確に判断して従事者指定の要否を決定するのは、通報者が法律を意識して通報する訳ではないし、当初は該当しないと判断できたとしても調査の過程で該当し得ると判断せざるを得ないこともあるため、容易なことではないと思われる。また、本来であれば、法２条３項に定める「通報対象事実」に該当するにもかかわらず、該当しないという誤った判断を行ってしまい、従事者指定を行わなければならないのに従事者指定を行わなかったという事態になれ

ば、法11条１項に違反することになる。そのため、明らかに法２条３項に定める「通報対象事実」に該当しないと判断できるケースは別としても、基本的には、従事者指定の要否を判断するに当たり、実務上、法２条３項に定める「通報対象事実」に該当するか否かを厳密に検討せず、広く従事者指定を行うことが望ましい。

---

4 │ 退職者・役員からの通報受付

(1) 退 職 者

ア　１年以内の退職者からの内部公益通報と体制整備義務

　法２条１項１号は、退職後１年以内の労働者を、公益通報者保護法上の保護対象者として追加した。具体的には、退職日が「当該通報の日前１年以内」（法２条１項１号等）である者がこれに該当する。これにより、１年以内に退職した労働者から「通報対象事実」について企業への通報がなされた場合には、その通報は内部公益通報に該当し、その後は期間の定めなく、法により保護されることになる。

　また、法11条２項の体制整備義務の対象となる内部公益通報は、現役労働者による内部公益通報に限定されておらず、１年以内に退職した労働者による内部公益通報も対象とされている。

イ　内部通報窓口の利用対象者

　指針解説第３−Ⅱ−１−(3)では、１年以内の退職者を内部通報制度の利用対象者に含ませることについては、必須事項とすることが前提とされている。もっとも、内部通報制度の利用対象者を１年以内の退職者に限るの

か、それを超えた退職者も対象とするのか問題となる。

　まず、体制整備義務を確実に履行するという観点からすれば、1年以内の退職者についてのみ利用対象者として加えるという制度設計が考えられる。また、実際問題として、10年や20年も前に退職した労働者から、現在起きている又は起きようとしている事案について通報がなされるというのは一般的には考え難い。さらに、退職者が在籍していた当時の違法行為等であれば、既に是正されていたり、民事上・刑事上の責任について時効にかかっていたりする可能性もある。こういったことからすれば、内部通報制度の利用対象者について、退職後の期間に制限を設けることにも一定の合理性があるといえる。

　他方で、実際に退職者から通報を受け付けた内部通報窓口としては、当該通報がなされた時点で、その退職者が退職後1年以内に通報してきたのか、それとも退職後1年を経過してから通報をしてきたのかを直ちに正確な判断・確認ができない可能性もある。また、実際問題として、例えば退職後1年6カ月後に内部通報窓口に通報してきた退職者について、利用対象者として明記されていないということを理由として、窓口の利用を拒否するのかというと、利用を拒否するという判断を下すことには躊躇する場面が多いと思われる。さらに、たとえ退職後10年や20年などの長期間が経過している場合であったとしても、現役の役職員と親交があり、現在の企業の内部事情を把握することができる退職者もいる可能性は十分にあり、退職者から、現在起きている法令等違反行為について内部通報窓口に通報が寄せられる可能性も十分にあり得る。このような観点から、退職者について、退職時期を問わずに内部通報窓口の利用対象者とするという制度設計も合理性があるといえる。

　以上のような点を考慮した上で、どの範囲の退職者を内部通報窓口の利用対象者として明記するか検討する必要があるといえる。

⑵　役　　員

ア　現役役員

　法2条1項3号によって現役役員について公益通報者保護法の保護対象となることが定められた。役員が行う行政機関通報（法6条2号）及び外部通報（法6条3号）については労働者の場合と比較して要件が加重されているが、内部公益通報（法6条1号）については労働者の場合と同様の要件である。

　指針解説第3－Ⅱ－1－⑶では、現役役員を内部通報制度の利用対象者に含ませることについては、必須事項であることが前提とされているため、内部規程等に、現役役員を利用対象者として明記することが必要となる。

イ　退任役員

　前述のとおり、労働者については1年以内の退職者が保護対象とされているが、退任役員については保護対象とされていない。そこで、退任役員についても利用対象者に加えるか、また加えるとして期間制限を設けるかどうかが問題となる。

　まず、退任役員であっても、在任中の法令等違反行為を見聞きしている可能性はあるため、より情報の門戸を広げるという観点からすれば、退任役員についても同様に内部通報制度の利用対象者とするということが考えられるであろう。

　また、企業の退職者が、退任役員として法の保護対象外になるのか、それとも「1年以内の退職者」として法の保護対象になるのかを正確に見極めることが困難な事例もある。

　例えば、退職時点で取締役であった者が、同時に、労働者としての地位も併せ持っている可能性もある（使用人兼務の取締役）。例えば、2022年7

月1日に取締役に就任した時点では使用人兼務であったが、就任1年後の2023年7月1日に使用人の地位が外れたとする。その後、2023年12月に取締役も退任した場合、当該人物については、2024年6月末日までは、1年以内の退職者として、公益通報者保護法の保護対象となる。このように、一口に退任役員といっても、使用人兼務の取締役もおり、公益通報者保護法上の保護対象となるのかどうかについては、使用人兼務であったかどうか、またいつ労働者の地位が外れたのかについても正確に確認・判断しなければならない。このような判断にミスが生じて、本来は公益通報者保護法上の退職後1年以内の労働者として保護対象になる内部公益通報（企業から見れば、体制整備義務や従事者指定義務を負う内部公益通報）に抜け漏れが生じてしまうことは、防ぐ必要がある。そのような観点からすれば、退任役員についても、退職労働者と同様に内部通報制度の利用対象者に加えるという制度設計にし、内部通報窓口での判断ミスを予防するという制度設計にも合理性があるといえる。なお、監査役や監査等委員については、会社法上、使用人との兼務はできないため、このような問題は生じない。

　退任役員を利用対象者とするという場合には、何年以内の退任役員とするかを検討することになる。この点については、(1)で述べた退職者の範囲をどこまで広げるかという点が参考になるであろう（退職者の範囲を1年以内に限定するのであれば、退任役員についても同様の1年以内に限定することになるであろう）。

ウ　執行役員

　法2条により、「公益通報」の主体となり得る「役員」は、「役員（法人の取締役、執行役、会計参与、監査役、理事、監事及び清算人並びにこれら以外の者で法令（中略）の規定に基づき法人の経営に従事している者（会計監査人を除く。））」である。消費者庁Q&Aでは、「執行役員」がこの定義に該当しない場合には、「役員」には当たらないとされているが、「執行役員」

が事業者と労働契約を締結している場合には、労働基準法9条に規定する「労働者」に該当するため、「役員」ではなく「労働者」として公益通報が可能であるとされている（「公益通報者に関するQ&A」Q5）。

他方で、「執行役員」については、委任契約型の類型もある。労働基準法9条に規定する「労働者」については諾否の自由の有無、指揮命令関係の有無、労務管理の有無などの実態を踏まえて該当性が判断されるため、「委任契約型」であるからといって直ちに「執行役員」について「公益通報」の主体になり得ないという訳ではない。

以上のように、「執行役員」についても、「公益通報」を行い得るのであって、いずれにせよ、「執行役員」の制度を導入している企業の場合には、「労働者」や「役員」と同様に、内部通報制度の利用対象者に加えるべきであろう。

---

5 「ハラスメント窓口」と従事者指定

ハラスメントについては、いわゆる男女雇用機会均等法や労働施策総合推進法に基づく相談窓口の設置が義務付けられており、これを受けて、企業では人事部門等にいわゆる「ハラスメント窓口」が設置されていることが多い。

公益通報者保護法改正を受けて、コンプライアンス部門や法務部門等における内部通報窓口と人事部門等におけるハラスメント窓口をどのように整理するのか、ハラスメント窓口と内部通報窓口を一本化するのかという制度設計上の論点が存在する。

これらを踏まえたハラスメント窓口と内部通報窓口の関係や、ハラスメント窓口の受付担当者等を従事者指定する必要があるかについて解説

する。

(1)　内部通報窓口とハラスメント窓口を別々に設置する制度設計の場合

「内部公益通報受付窓口」とは、内部公益通報を部門横断的に受け付ける窓口をいう（指針第2）。ある窓口が内部公益通報受付窓口に当たるかは、その名称ではなく、部門横断的に内部公益通報を受け付けるという実質の有無により判断されるとされる（指針解説第3－Ⅱ－1－(1)－③）。

「ハラスメント」といっても、人間関係のいざこざに類する問題もあれば、暴行・脅迫・名誉毀損などの刑法犯に該当し得るものまで様々であり、後者の類型については公益通報者保護法の「通報対象事実」に該当する（消費者庁Q&A「通報対象事実（通報の内容）に関するQ&A」Q2参照）。したがって、後者のような事案についてハラスメント窓口に通報があった場合は、「内部公益通報」に該当することになる。

そのため、内部通報窓口とは別にハラスメント窓口を設置するという制度設計の場合であっても、ハラスメント窓口が後者のような内部公益通報該当事案を受け付ける場合には、指針第2のいう「内部公益通報を部門横断的に受け付ける窓口」に当たり、内部公益通報受付窓口に当たる、というのが1つの整理となる。このような整理とする場合、コンプライアンス部門や法務部門とは別に人事部門等にハラスメント窓口を設ける制度設計の場合であっても、ハラスメント窓口の受付担当者について従事者として包括指定すべきということになる（内部通報窓口の受付担当者については当然従事者として包括指定が必要である）。

一方、内部通報窓口とは別にハラスメント窓口を設置するという制度設計においては、内部公益通報に該当するハラスメントは受け付けないこととして、ハラスメント窓口を内部公益通報受付窓口には該当しない窓口と整理することも可能である。ただし、このような整理とする場合、通報者

の保護の観点から、通報者が通報先の窓口が内部公益通報受付窓口であるか、内部公益通報受付窓口以外の窓口（非内部公益通報受付窓口）であるかを明確に認識・理解できることが必要になるため、例えば、

・非内部公益通報受付窓口であることを企業内で周知し、当該窓口の利用者に対して明確に示す

・非内部公益通報受付窓口を内部公益通報受付窓口と誤解して通報してきた通報者に対し内部公益通報受付窓口を教示する

・非内部公益通報受付窓口への通報者に対し、当該窓口と内部公益通報受付窓口とでは、公益通報者を特定させる事項の秘匿についてのルールに差異があることを明確に伝える

といった措置を講ずることが必要になると考えられる（消費者庁Q&A「内部公益通報対応体制に関するQ&A」Q8）。

　このような整理とする場合、内部公益通報受付窓口とハラスメント窓口の両者が一体となって、いわゆる男女雇用機会均等法や労働施策総合推進法に基づく相談窓口の設置義務に対応することになると考えられる。

⑵　2つの窓口を一本化する場合

　一方で、組織の実態に応じて、内部公益通報受付窓口がハラスメント窓口等の他の通報窓口を兼ねることも可能であるとされている（指針解説第3－Ⅱ－1－⑴－③）。この場合、内部公益通報受付窓口が、いわゆる男女雇用機会均等法や労働施策総合推進法に基づくハラスメント相談窓口を兼ねることになる。

　「ハラスメント窓口」と「内部通報窓口」を一本化するという制度設計の場合には、一本化された窓口は、「内部公益通報受付窓口」に当たる。また、その受付担当者は、通報者の氏名などの通報者特定事項を知る可能性がある。そのため、一本化された窓口の受付担当者については、従事者として包括指定をすべきである。

6 | 経営陣からの独立性確保措置

　体制整備義務の一環として、指針第4－1－(2)では、「組織の長その他幹部からの独立性の確保に関する措置」として、「内部公益通報受付窓口において受け付ける内部公益通報に係る公益通報対応業務に関して、組織の長その他幹部に関係する事案については、これらの者からの独立性を確保する措置をとる」ということが求められている。また、コーポレートガバナンス・コード原則2－5は、内部通報に係る適切な体制整備を行うべきであり、取締役会がかかる体制整備を実現する責務を負う旨を明らかにするとともに、補充原則2－5①は、「上場会社は、内部通報に係る体制整備の一環として、経営陣から独立した窓口の設置（例えば、社外取締役と監査役による合議体を窓口とする等）を行うべきであり、また、情報提供者の秘匿と不利益取扱の禁止に関する規律を整備すべきである」と規定している。

(1)　社外取締役や監査機関への報告やこれらによるモニタリング

　経営陣からの独立性確保に関する措置の例示として、指針解説第3－Ⅱ－1－(2)－③では、「社外取締役や監査機関（監査役、監査等委員会、監査委員会等）にも報告を行うようにする、社外取締役や監査機関からモニタリングを受けながら公益通報対応業務を行う等が考えられる」とされている。

　社外取締役や監査役、監査等委員会、監査委員会は、業務執行を担当する取締役等の経営陣に対するガバナンスを担う立場であり、これらに対する報告を行ったり、これらからのモニタリングを受けたりすることによ

り、経営陣が影響力を行使することで通報対応業務が適切に行われない事態を防ぐことが可能となり、また、経営陣に関する通報を行う場合の心理的ハードルを下げることも期待できる。

　報告やモニタリングの具体的な内容やこれらの区別について、消費者庁は、指針解説や消費者庁Q&A等で特段これを明らかにはしていないが、少なくとも、上記のような趣旨に照らせば、例えば、単に法務・コンプライアンス部門等において経営陣に関する通報案件の対応を行う電子メールのやり取りに、ccとして形式的に社外取締役や監査機関を含めておくだけでは足りず、実際に、受付後の調査方針の決定や調査に基づく事実認定、処分の決定など重要な場面では具体的に要点を社外取締役や監査機関に説明・報告する、あるいは、ccとして入る情報を社外取締役や監査機関の側で適切に把握した上で、必要に応じ、その方針や推移について質問や確認をしたり、意見をしたりするなどの実質が伴ってはじめて、指針解説の要求する「報告」や「モニタリング」がなされていると考えられるであろう。

(2)　独立窓口の設置

　企業では、一般的にコンプライアンス部門や法務部門などに内部通報窓口を設置するところが多い（便宜上、このような窓口を「通常窓口」という）。このような通常窓口は、社長を頂点とする業務執行ラインに位置付けられるため、経営陣が関与する重大な不正や違法行為について通報された場合の対応が難しくなる場合がある。また、通報する側の心理としても、経営陣に関する通報は心理的ハードルが特に高いことから、経営陣から独立した内部通報窓口を設置することなどが考えられる。

　具体的には、社外取締役や監査機関（監査役、監査等委員会、監査委員会等）に内部通報窓口を設置することが考えられる（以下、通常窓口と対比して、このような窓口を「独立窓口」という）。このような独立窓口を設置する場合には、独立窓口の担当役員にも通報事案に関する調査権限を与える必

要がある。また、独立窓口の担当役員だけでは調査のための人的リソースが不足する可能性があるため、法11条１項に基づく従事者を指定する権限を与えておく必要がある。このような従事者指定権限については、内部規程等において定めておく必要がある。

　また、このような独立窓口を設置したとしても、実際には、通常窓口に経営陣に関する通報がなされることも想定される。そのような場合に備えて、その後の通報事案の調査や是正措置の業務を、通常窓口のルートで処理をするのか、独立窓口のルートで処理をするのかを、通常窓口の担当者と独立窓口の担当役員とで協議した上で決定するという制度設計にしておくことも考えられる。このような制度設計とする場合には内部規程等にも、その旨を明記しておく必要がある。

(3)　外部機関の活用

　以上のような独立窓口を設けたとしても、独立窓口の担当役員だけでは受付や調査のための人的リソースを割くことが現実問題としてできないという懸念もあり得る。また、このような懸念があるがために、独立窓口を設置することができないと考える企業も多いのが実情でもあろう。

　こういった懸念を解消するためには、例えば、独立窓口では、あらゆるコンプライアンス違反（法令違反、社内規程違反、倫理違反など）を対象とするのではなく、経営陣の関与が疑われる事案に限定したり、その中でも比較的重大な不祥事に限定したりするということも有用であろう。

　また、社外取締役や監査機関（監査役、監査等委員会、監査委員会等）自らが、通報を受け付けるのではなく、社外の法律事務所や専門業者等の外部機関を活用するという制度設計も考えられる。例えば、通報を受け付けた外部機関において、当該通報事案が通常窓口に共有するべき事案か、独立窓口に共有するべき事案かを判断し、事案の共有先を振り分ける機能を担うということが考えられる。この場合、独立窓口にだけ共有する事案

と、独立窓口と通常窓口の双方に共有する事案とを振り分けるという制度設計（全ての通報事案について独立窓口には共有するという制度設計）も考えられる。その上で、独立窓口にだけ共有された通報事案については、外部機関が、独立窓口の担当役員と連携した上で、当該通報事案の調査等を行っていくという制度設計も考えられる。

このように、第一次的には外部機関が通報の初期段階を捌き、適宜独立窓口の担当役員と連携して通報対応を行うという制度設計も、監査役・社外役員の人的リソースを補うという意味で有用であるといえる。

以上を図で整理すると、図表2－3のとおりである（①が通常窓口へのライン、②が独立窓口へのライン）。

なお、指針解説第3－Ⅱ－1－(2)－③では、経営陣から「独立性を確保する措置」の例示として、「内部公益通報受付窓口を事業者外部（外部委託先、親会社等）に設置すること」といった具体例も挙がっている。もっとも、制度の作り込みにおいては注意が必要であろう。

例えば、企業の外部に通報窓口を設置したとしても、当該窓口が、全ての事案について内部の通報窓口や所管部門に対して通報内容をそのまま伝達するという制度設計の場合には、たとえ通報受付の段階では経営陣から独立していたとしても、その後の対応（調査や是正措置など）との関係では、「経営陣から独立している」とは評価されない可能性がある。そのため、例えば、前述したとおり、外部機関に通報窓口を設置した上で、経営

図表2－3　外部機関活用時の概念図

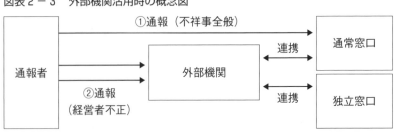

陣に関する通報事案についての情報共有先は経営陣から独立した部署にするという制度設計にすることの検討も必要であろう。

---

7 利益相反の排除

体制整備義務の一環として、指針第4－1－(4)では、「公益通報対応業務における利益相反の排除に関する措置」として「内部公益通報受付窓口において受け付ける内部公益通報に関し行われる公益通報対応業務について、事案に関係する者を公益通報対応業務に関与させない措置」をとることが求められている。

内部公益通報事案に関係する者が公益通報対応業務に関与する場合には、当該事案に関係する者の関与によって、内部公益通報の受付や調査を行わない、調査や是正に必要な措置を自らに有利となる形で行うなど、中立性・公正性を欠く対応がなされるおそれがある。このような場合、個別の事案処理が適切に行われないだけでなく、内部公益通報対応体制に対する信頼を損ね、内部公益通報を行うこと自体が躊躇されることとなりかねない。

そのため、企業は、内部公益通報対応体制の整備に当たって、内部公益通報対応業務につき、事案に関係する者を公益通報対応業務に関与させない措置をとり、公益通報対応業務における利益相反を排除しなければならないのである。

なお、本項の解説の趣旨は、内部公益通報に該当しない内部通報にもそのまま当てはまると考えられる。

(1) 事案に関係する者とは

指針解説第3－Ⅱ－1－(4)－②では、内部公益通報「事案に関係する者」につき、公正な公益通報対応業務の実施を阻害する者をいうとされている。典型的には、内部公益通報事案の被通報者（法令違反行為を行った、行っている又は行おうとしているとして公益通報された者）や公益通報者、法令違反行為の発覚・調査の結果により実質的に不利益を受ける可能性のある者、これらの者と一定の関係のある者等がこれに当たるものと考えられる。

(2) 事案に関係する者を公益通報対応業務に関与させない措置

ア 内部規程における定め

指針解説第3－Ⅱ－1－(4)－③では、事案に関係する者を公益通報対応業務に関与させない措置として、事案に関係する者を調査や是正に必要な措置の担当から外すことが考えられるとされている。また、内部公益通報を受け付けた当初の時点では、事案に関係する者に当たるかどうかが判明しない場合も少なくないため、事案に関係する者に当たることが判明した時点で、公益通報対応業務への関与から除外することも必要とされている。このような対応を行うことができるようにするため、内部規程において、事案に関係する者を公益通報対応業務への関与から除外する旨を定めておくことが適切である。

また、指針解説第3－Ⅱ－1－(4)－④では、想定すべき「事案に関係する者」の範囲につき、内部規程において具体的に例示をしておくことが望ましいとされている。それにより公益通報対応業務への関与から除外すべきかどうかを担当者において速やかに判断することができるようになるからである。この点、具体的な定めとしては、例えば、「事案に関係する者」

につき、「法令違反行為の発覚や調査の結果により実質的に不利益を受ける者」（被通報者に限らない）や「窓口利用者又は被通報者と親族関係にある者」「その他、公正な対象事案の調査や法令等違反行為の是正措置等の検討の実施を阻害し得る者」など、が考えられる。

イ　複数窓口の設置

　経営陣からの独立性確保措置（本章6）として複数窓口の設置について言及したが、これは、利益相反の排除の観点からも有用である。

　例えば、コンプライアンス部門にしか内部公益通報受付窓口が設置されていない企業で、通報者が、コンプライアンス部門で発生している法令等違反行為について通報を行う場合を考えると、当該通報について「事案に関係する者」が少なくとも受付業務を行うおそれが高い。また通報者からすれば、当該窓口に通報してもきちんと対応されないのではないかと考え、通報を躊躇してしまうおそれも否定できない。このような場合に、コンプライアンス部門とは別に内部公益通報受付窓口が設置されていれば、通報者は別に設置された当該窓口に通報することができる。

　また、指針解説第3－Ⅱ－1－(4)－④では、いわゆる顧問弁護士を内部公益通報受付窓口とすることについて、顧問弁護士に内部公益通報をすることを躊躇する者が存在し、そのことが通報対象事実の早期把握を妨げるおそれがあることにも留意すべきとされている。なぜなら経営陣の法令等違反行為を通報しようとしている場合、顧問弁護士と経営陣との関係性から、通報者が顧問弁護士への通報を躊躇してしまうおそれも否定できないからである。そのため、指針解説では、顧問弁護士を内部公益通報受付窓口としている旨を明示する等により、利用者による通報先選択に当たっての判断に資する情報を提供することが望ましいと指摘されているが、そもそもこのように通報先を選択できるように、顧問弁護士以外の社外窓口も設置するなどの対応が考えられる。

このように内部公益通報受付窓口を複数設置しておくことで、利益相反の排除につながる効果も期待できるのである。

8 　法定守秘義務及び範囲外共有の防止に関する情報管理のあり方

　法12条は、従事者及び従事者であった者に対し、公益通報対応業務に関して知り得た事項であって公益通報者を特定させるものを正当な理由なく漏らしてはならないとし、さらに、法21条は、これに違反した者は30万円以下の罰金に処するとして、刑事罰付きの法定守秘義務が設けられた。

　また、体制整備義務の一環として、指針第4－2－(2)は、「範囲外共有等の防止に関する措置」として「事業者の労働者及び役員等が範囲外共有を行うことを防ぐための措置」をとることを求めている（同イ）。そして、「範囲外共有」は、「公益通報者を特定させる事項を必要最小限の範囲を超えて共有する行為」と定義されている（指針第2）。

　内部公益通報をしたことが他者に知られる懸念があると、内部公益通報を理由とした不利益取扱いを受けるのではないかとの不安から内部公益通報を躊躇することが想定されるし、内部公益通報を理由とした不利益取扱いや、必要最小限の範囲を超えた公益通報者を特定させる情報の共有、通報者探索などが行われれば、内部通報制度に対する信頼が損なわれてしまう。

　そのため、体制整備義務を果たすためには、法定守秘義務違反や公益通報者を特定させる情報の範囲外共有が生じないような情報管理のあり方を構築する必要がある。そこで以下では、まず法定守秘義務及び範囲外共有の防止の両方に共通する概念である公益通報者特定事項について、次に法定守秘義務について、さらに範囲外共有の防止について説明する。

なお、本項の解説の趣旨は、法定守秘義務に関する固有の解説部分を除き、内部公益通報に該当しない内部通報にもそのまま当てはまると考えられる。

(1)　公益通報者特定事項

　法12条では、従事者及び従事者であった者に対し、公益通報対応業務に関して知り得た事項であって「公益通報者を特定させるもの」を正当な理由なく漏らしてはならないと定められている。

　また、指針第2は、「範囲外共有」の定義について、「公益通報者を特定させる事項を必要最小限の範囲を超えて共有する行為」と定めている。この「公益通報者を特定させるもの」と「公益通報者を特定させる事項」は、同じ意味を指す用語であり、以下では、「公益通報者特定事項」と呼ぶ。

　この点に関し、「公益通報者特定事項」とは、その情報を知った者において、公益通報をした人物が誰であるかを排他的に認識することができる事項をいうと解される（指針解説注6、逐条解説234頁参照）。公益通報者の氏名や社員番号がその典型であるが、例えば、氏名や社員番号を匿名化したとしても、当該部門に女性従業員が1人しかいない組織において、「○○部門の女性従業員からの通報であり」などと情報伝達をすれば、その1人の女性従業員であることが確定的に特定されるため、このような情報も公益通報者特定事項に当たることに注意しなければならない。

　一方で、例えば、通報者の氏名等を含む情報を伝達した場合でも、通報があった事実自体を伝達しなければ、当該人物が公益通報者であることは認識されないため、公益通報者特定事項には該当しないことになる（逐条解説234〜235頁参照）。また、通報内容についても、例えば、当該通報内容である業務を担当し、それを知っているのが通報者のみであるという場合、その内容自体が公益通報者特定事項に該当することもある。

(2) 法定守秘義務

ア 法定守秘義務の主体

法定守秘義務が課せられるのは、従事者及び従事者であった者である。したがって、公益通報対応業務を行う者であっても、従事者として指定されていなければ、法定守秘義務を負うことにはならない[3]。

また、過去に従事者であった者も法定守秘義務を負うことにも注意しなければならない。法定守秘義務について、存続期間や義務の免除の定めはないため、いったん従事者指定を受けた者は、以後、法定守秘義務を負い続けることになる。たとえ内部公益通報とは全く関係のない業務に従事するようになったり、企業を退職したりしても、法定守秘義務を負い続ける点に注意が必要である。

なお、従事者指定が努力義務である企業の場合（法11条3項参照）であっても、当該企業が従事者を指定した場合には、指定された従事者個人は、法定守秘義務を負うことになるため、留意が必要である。

イ 法定守秘義務の対象

法定守秘義務の対象は、「公益通報対応業務に関して知り得た事項であって公益通報者を特定させるもの」である。

この点、公益通報対応業務とは無関係に知った情報（例えば、社員食堂等でたまたま見聞きした情報等）は、「公益通報対応業務に関して知り得た事項」に当たらないため、法定守秘義務の対象とはならない。

また、「公益通報者を特定させるもの」とは、(1)のとおり、その情報を知った者において、公益通報者が誰であるかを排他的に認識することがで

---

3 職制上のレポーティングラインにおいて、部下等から公益通報に該当する報告等を受けることが考えられるが、かかる上司等は従事者指定義務の対象ではなく、法定守秘義務を負う主体として想定されていない。

きる事項を意味すると解されるため、そのような情報でなければ、法定守秘義務の対象とはならない。また、たとえ従事者に指定されていても、当該通報事案が、法の定める通報対象事実に該当せず、公益通報に該当しない内部通報の場合、「公益通報対応業務に関して」に該当せず、法定守秘義務の対象事案とはならない。

ウ　法定守秘義務違反となる行為

　法定守秘義務違反となる行為は、公益通報者特定事項を「正当な理由なく」「漏らす」行為である。

　「漏らす」とは、自身以外の第三者に一般に知られていない事実を知らしめること、または知らしめるおそれのある行為をすることを意味すると解される。漏らす方法については、文書であると口頭であるとを問わず、また、積極的な行為（作為）であると、漏えいの黙認（不作為）であるとを問わないとされる。また、漏らす対象についても、不特定多数の人々である場合はもちろん、特定の人を対象とした場合であっても、その者を通じて広く流布されるおそれがある以上、「漏らす」行為に当たるとされる（以上について、逐条解説235頁参照）。

　したがって、従事者指定されていない者に対して公益通報者特定事項を伝えることが「漏らす」行為に該当することはもちろんのこと、従事者指定されている者に対して公益通報者特定事項を伝えることも「漏らす」行為に該当すると解される（ただし、以下のとおり漏らしたことについて、「正当な理由」があるかどうかは、別の問題である）。

　もっとも、「漏らす」行為に該当するとしても、「正当な理由」があれば法定守秘義務違反とはならない。この「正当な理由」とは、公益通報者を特定させる事項を漏らす行為に違法性がないと考えられる場合を意味するとされ、消費者庁ウェブサイト[4]で公表されている消費者庁Q＆A（「従事者に関するQ＆A」Q9）では、以下のような例が挙げられている。

① 公益通報者本人の同意がある場合

② 法令に基づく場合

③ 調査等で必要な範囲において従事者間で情報共有する場合

④ 調査又は是正措置を実施するに当たり、従事者の指定を受けていない者（例えば、通報対象事実に係る業務執行部門の関係者等）に対し、公益通報があったことも含めて公益通報者を特定させる事項を伝えなければ調査又は是正措置を実施させることができない場合（例えば、ハラスメントが公益通報に該当する場合等において、公益通報者が通報対象事実に関する被害者と同一人物である等のために、調査等を進める上で、公益通報者の排他的な特定を避けることが著しく困難であり、当該調査等が法令違反の是正等に当たってやむを得ないものである場合）

なお、上記②の「法令に基づく場合」の例として、警察からの捜査事項照会や、裁判所からの文書送付や調査の嘱託への対応等が考えられる（商事法務2238号45頁「公益通報者保護法改正の概要」二1⑵参照）。

また、消費者庁Q＆Aでは、会社法上の監査役の調査権や報告徴求権に基づき、従事者が監査役に対して公益通報者特定事項を共有する場合について、次のように述べられているため、注意を要する（「従事者に関するQ＆A」Q11）。

> 監査役への情報提供が、会社法（平成17年法律第86号）などの法令に基づく情報提供として行われる場合であれば、正当な理由が認められることになります。ただし、公益通報者保護の観点から、監査業務遂行上の支障がない限り、公益通報者を特定させる事項は情報提供の範囲から外す等、公益通報者を特定させる事項が共有される範囲を限定することが望ましいと考えられます。

---

4 https://www.caa.go.jp/policies/policy/consumer_partnerships/whisleblower_protection_system/faq/

なお、法令に基づく情報提供として正当な理由が認められる場合で
あっても、当該情報提供により、監査役を従事者に指定すべき条件を
満たした場合には、当該監査役を従事者として指定する必要がありま
す。

　また、上記④に関連して、指針解説第3-Ⅱ-2-(2)-④では、特に、
ハラスメント事案等で被害者と公益通報者が同一の事案においては、公益
通報者特定事項を共有する際に、被害者の心情にも配慮しつつ、書面によ
るなど同意の有無について誤解のないよう、当該公益通報者から同意を得
ることが望ましいとされていることには留意が必要である。

エ　法定守秘義務違反の効果

　法21条により、法定守秘義務に違反した者は、30万円以下の罰金に処す
こととされている。これは、企業ではなく、従事者個人に科せられるもの
である点に注意が必要である。また、法定守秘義務に違反した従事者個人
が、法定守秘義務違反によって損害を被った者に対して、不法行為（民法
709条）に基づく損害賠償義務を負う可能性もある。

　他方、企業については、その役職員である従事者個人が法定守秘義務違
反を犯した場合、体制整備義務を怠ったと評価される可能性があり、法15
条又は16条に基づく指導・勧告・公表等の行政上の措置の対象となり得る
ため、注意が必要である。また、安全配慮義務違反（民法415条）や使用者
責任（民法715条）に基づく損害賠償責任を負う可能性もある。

(3)　範囲外共有

ア　範囲外共有

　指針第2では、「範囲外共有」とは、「公益通報者を特定させる事項を必
要最小限の範囲を超えて共有する行為をいう」と定義されている。

まず、「公益通報者を特定させる事項」とは、(1)のとおり、その情報を知った者において、公益通報をした者が誰であるかを排他的に認識することができる事項を意味する。

次に、「必要最小限の範囲」について、消費者庁Q&Aでは、内部公益通報を受け、並びに当該内部公益通報に係る通報対象事実の調査をし、及びその是正に必要な措置をとる業務（公益通報対応業務）の遂行に当たり公益通報者を特定させる事項を共有することが必要となる最小限の範囲であり、具体的な範囲は事案ごとに異なるため、各事案に応じて適切に判断する必要があるとされている（「内部公益通報対応体制の整備に関するQ&A」Q23）。指針解説第3－Ⅱ－2－(2)－④では、「公益通報者を特定した上でなければ必要性の高い調査が実施できない等のやむを得ない場合、公益通報者を特定させる事項を伝達する範囲を必要最小限に限定する（真に必要不可欠ではない限り、調査担当者にも情報共有を行わないようにする）ことは当然のこと」と指摘されており、「必要最小限の範囲」は極めて限定的に解されていることに注意する必要がある。

なお、範囲外共有の防止については、内部公益通報受付窓口における通報だけでなく、いわゆる職制上のレポーティングライン（本章10）における通報についても当てはまる点にも注意する必要がある。すなわち、上司等が、部下から内部公益通報を受けた場合に、公益通報者特定事項を必要最小限の範囲を超えて共有すると、範囲外共有となり、ひいては、体制整備義務違反となりかねないため、注意が必要である。

イ　範囲外共有を生じさせないための情報管理のあり方

㈦　情報共有範囲の限定

範囲外共有を防止するための措置として、内部規程において、通報事案に関する情報を共有できる範囲を明確に定めておくことが有用である。特に、通報者探索と同様、実際に範囲外共有が行われると、実効的な救済・

回復措置を講ずることは困難な場合も想定されるため、通報者探索を防止するための措置と同様に、範囲外共有を防止するための措置も徹底的に行うことが重要である。この点、指針解説第3-Ⅱ-2-(2)-③でも、範囲外共有を防ぐための措置として、「通報事案に係る記録・資料を閲覧・共有することが可能な者を必要最小限に限定し、その範囲を明確に確認する」ことが遵守事項の具体例として挙げられている。

　もっとも、内部規程において、情報共有できる範囲を安易に広く定めると、当該内部規程における定め自体が「必要最小限の範囲」を超えてしまう場合があることには注意が必要である。

　そのため、内部規程に情報共有できる範囲を定める場合にも、「必要最小限の範囲」を意識することが必要である。

(イ)　情報へのアクセスの物理的制限

　範囲外共有を防止するための措置として、通報事案に関する情報が共有できる範囲を超えて伝わらないようにするために、当該情報への物理的なアクセス制限を検討すべきである。この点、指針解説第3-Ⅱ-2-(2)-③に記載されている内容・項目を踏まえ、以下のような具体的取組みを行うことが考えられるところである。

- ✓ 紙媒体での記録・資料については、鍵付きの書庫等に保管するとともに、当該書庫等の鍵は情報共有の範囲内の者のみが取り扱えることとして、施錠管理する
- ✓ メールや電子データなどの電磁的な記録・資料については、アクセス権限を限定したサーバーに保管することとし、当該権限を情報共有の範囲内の者のみに付与することとして、情報へのアクセス管理を施す
- ✓ 内部規程や社内マニュアル等において、このような情報の保管方法・取扱い方を明示しておく

(ウ)　情報管理に関する意識の徹底

　(ア)及び(イ)のような措置をとっていたとしても、通報事案に関する情報を

取り扱う者の情報管理に関する意識が不十分だと、範囲外共有が行われかねない。そのため、通報事案に関する情報を取り扱う者の情報管理に関する意識の徹底を図ることが重要である。

例えば、通報事案に関する情報を多く取り扱うことになる公益通報対応業務に従事する者から、通報事案に関する情報について守秘義務を負う旨の誓約書を取得することが考えられる。このような誓約書の取得は、自らが守秘義務を負う者であることを自覚させ、情報管理に関する意識を高める効果が期待できる。

また、通報事実の調査に当たって、被通報者や調査協力者などに対し、通報事案に関する情報を伝達せざるを得ない場合もあり得る。このような場合、被通報者や調査協力者などからも、通報事案に関する情報について守秘義務を負う旨の誓約書を取得することが望ましい場合も考えられる（第3章Q24参照）。

その他、情報管理に関する意識を高める手法として、定期的に研修を行うことも有用である。この点、通報事案に関する情報を多く取り扱うことになる公益通報対応業務に従事する者に対して研修を行うことはもちろん、このような者以外の役職員に対しても研修を行い、通報事案に関する情報管理の重要性について教育していくことが重要である。前記(1)のとおり、いわゆる職制上のレポーティングラインになされた内部公益通報についても、範囲外共有の防止の対象となる以上、職制上のレポーティングラインを担う役職員に対する研修の必要性は高いと考えられる。

9 ｜ 記録の管理

体制整備義務の一環として、指針第4－3－(3)では、「記録の保管」「に

関する措置」として「内部公益通報への対応に関する記録を作成し、適切な期間保管する」ことが求められている。

以下では、記録の作成方法、保管方法、保管期間について解説する。

なお、本項の解説は、内部公益通報に該当しない内部通報にもそのまま当てはまると考えられる。

(1) 記録の作成・保管方法

内部公益通報対応体制を継続的に改善するために、内部公益通報への対応に関する記録を適切に作成・保管した上で、当該記録に基づき、評価・点検を定期的に実施することが必要である。

この点、記録の具体的な作成方法や保管方法について、法や指針・指針解説では特に言及はされておらず、「個々の事業者が、評価点検や個別案件処理の必要性等を検討した上で適切な期間を定めることが求められる。記録には公益通報者を特定させる事項等の機微な情報が記載されていることを踏まえ、例えば、文書記録の閲覧やデータへのアクセスに制限を付す等、慎重に保管する必要がある」とだけ指摘されている（指針解説第3 – Ⅱ – 3 –(3)–③）。

この点、例えば、継続的な評価・点検のためには、過去にどのような通報があり、どのような対応がなされてきたのかの概要を一覧して確認することが可能な概要資料と、実際の詳細な資料やヒアリング内容等を確認することが可能な個別詳細資料とに分けて二元的な整理を行った上で、保管することが考えられる。個別詳細資料を保管するかしないかは、案件の重要性等に鑑みて必要に応じて判断することになろう。

前者の概要資料については、一覧表形式でのフォーマットを準備した上で、それに記載して整理することが考えられる。あるいは、役員への定期的な運用実績の概要説明に用いられる資料を活用することも考えられるだろう。この概要資料には、通報者氏名などの通報者特定事項の記載はせ

ず、過去事案の概要のみを記載することが考えられる。一方、後者の個別
詳細資料については、通報者からの第一報の電子メールから通報者・調査
協力者のヒアリングメモまで、通報者氏名なども含め、全ての実際の資料
を記録として保管しておくことが考えられる。ただし、ドラフト段階のメ
モや資料まで正式記録として作成・保管しておく必要はないであろう。

注意すべきは、概要資料と個別詳細資料で、アクセス権限の設定を変え
るなどして、情報管理に留意するという点である。すなわち、概要資料に
ついては、一般に、通報受付、調査、是正措置等を担当する従事者やその
他の関係者の間で幅広く共有されてもよいと考えられる（ただし、もし概
要資料にも通報者特定事項が記載されている場合には、従事者以外には共有し
てはならない）。一方で、個別詳細資料については、例えば、基本的には通
報制度を担当する責任部署の担当役員や部長などの一定の役職者のみがア
クセス権限を有するとした上で、必要な場合において、それ以外の従事者
にも追加で権限を設定するといった管理方法が考えられる。

その他、情報管理のあり方（本章8）で解説したのと同様に、原則とし
て紙媒体には印刷をしないこととし、データフォルダへのアクセス権限の
限定やパスワード管理を行う、印刷する場合も部数や紙ファイルでの管
理・保管体制を制限する等の管理上の工夫が考えられる。

(2) 記録の保管期間

指針解説第3-Ⅱ-3-(3)-③では、記録の保管期間について、「個々
の事業者が、評価点検や個別案件処理の必要性等を検討した上で適切な期
間を定めることが求められる」とされている。また、消費者庁Q&Aでは、
「個々の事業者が、見直し・改善や評価・点検のサイクル、内部監査・外
部監査・業所管省庁等の検査・監督上の要請、個別案件処理に当たっての
必要性、労働関連法令や自らの事業に関する法令等を総合的に検討した上
で、適切と判断する期間」とされている。しかし、いずれにおいても具体

的な保管期間の年限等は示されていない。

　この点、具体的な保管期間をどう定めるかは、個々の企業がその裁量によって決定することになるが、例えば、解雇、賃金その他労働関係に関する重要な書類について5年間（なお、当面の間3年間とする経過措置あり）の保存を求める労働基準法109条の規定のように法律上の要請がある場合、これに関連する通報関係の書類・記録もかかる規制を遵守する必要がある。また、通報関連の記録をどの程度保管するかについても、各企業が定める文書・データの保管規則全体の体系の中で具体的に決定する必要があるため、例えば、重要な文書一般について○年間といった期間を設定しているのであれば、通報関連の記録についても同様とすることも考えられるだろう[5]。あるいは、当該事案の関係者からいずれ損害賠償請求等の請求がなされた場合の対応を考え、かかる損害賠償請求権の消滅時効期間を踏まえて保管期間を設定するといったことも考えられる。

　なお、保管期間として○年間といった期間を設定する場合には、その年限の計算始期を、当該記録作成時点とするか、当該事案の関係者（特に被通報者）退職時点とするかといったいくつかの考え方があろう。また、一定の重要事案については、年限を設定せずに永久保存とすることも考えられるだろう。

---

10 ｜ 職制上のレポーティングライン

　「職制上のレポーティングライン」とは、「組織内において指揮監督権を

5　通報事案の中でも、自社の今後の制度改善や事案処理にとって重要な参考となる可能性がある案件とそうでない案件とを区別し、前者についてはより長期間（場合によっては永久）の保管期間を設定することも考えられる。

有する上長等に対する報告系統のこと」をいう（指針解説脚注11参照）。指針第2では、「内部公益通報」について、「法第3条第1号及び第6条第1号に定める公益通報をいい、通報窓口への通報が公益通報となる場合だけではなく、上司等への報告が公益通報となる場合も含む」とされているとおり、職制上のレポーティングラインにおける通報でも、その内容から「公益通報」に当たる場合には、「内部公益通報」として取り扱わなければならない。

　したがって、体制整備義務を果たすためには、内部公益通報受付窓口における通報のみならず、職制上のレポーティングラインにおける通報についても、適切な対応が求められている。

　なお、本項の解説の趣旨は、内部公益通報に該当しない内部通報にもそのまま当てはまると考えられる。

(1)　職制上のレポーティングラインにおける通報対応

　職制上のレポーティングラインについても、体制整備義務を果たすため適切な対応が求められることは前記のとおりである。そのため、職制上のレポーティングラインにおける通報対応についても、例えば、以下のような事項について方針を決めておくことが望ましい。

ア　不利益取扱いの防止（指針第4−2−(1)）

✓職制上のレポーティングラインにおける通報についても、当該通報や調査協力を理由とする不利益取扱いは許されない旨

✓職制上のレポーティングラインにおける通報や調査協力を理由とする不利益取扱いが行われた場合には、適切な救済・回復の措置をとるとともに、当該不利益取扱いを行った役職員等に対して、懲戒処分その他適切な措置をとることがある旨

イ　範囲外共有、探索防止（指針第 4 − 2 −(2)）

✓職制上のレポーティングラインにおける通報に関する情報管理のあり方

✓職制上のレポーティングラインにおける通報に関する通報者の探索防止

✓職制上のレポーティングラインにおける通報に関する範囲外共有や通報者探索が行われた場合には、適切な救済・回復の措置をとるとともに、当該不利益取扱いを行った役職員等に対して、懲戒処分その他適切な措置をとることがある旨

ウ　その他

✓職制上のレポーティングラインへの通報対応においても、当該部門やレポーティングラインにおいて、当該事案に利害関係を有しない管理職等が存在する場合には、その管理職等が調査等の担当を行うことで、利益相反を排除した対応が可能となることもあるので、留意することが望ましい。

(2)　職制上のレポーティングラインにおける教育・周知の重要性

　職制上のレポーティングラインにおける通報は、日常的な業務における報告系統の中に組み込まれるものであり、当該通報を受けた上長等が適切に対応できないと、範囲外共有が行われたり、当該通報を理由とする不利益取扱いが行われたりしやすいため、当該通報を受ける立場にある上長等の意識を高めることが何よりも重要である。

　したがって、職制上のレポーティングラインについて体制整備義務を果たすためには、日頃から、職制上のレポーティングラインを担う立場にある上長等に対する教育・周知を行うことが極めて重要である。指針解説第

3－Ⅱ－3－(1)－③でも、内部公益通報対応体制の仕組みについて教育・周知を行う際には、単に内部公益通報受付窓口の設置先を形式的に知らせるだけではなく、職制上のレポーティングラインにおいても部下等から内部公益通報を受ける可能性があること等についても伝えることが求められているのは、その表れといえよう。

11 | 子会社・企業グループとしての制度設計

(1) はじめに

内部通報システムの制度設計を行う上で、子会社等の企業グループについて法がどのように適用されるか、という論点がある。以下、かかる制度設計上の論点について整理する。

(2) 内部公益通報の定義と企業グループ

まず、公益通報の定義のうち内部への通報すなわち内部公益通報（法3条1号、6条1号参照）とは、法2条1項に基づき、「役務提供先・役務提供先の事業に従事する場合におけるその役員、従業員等について」通報対象事実が生じ、又は生じようとしている旨を、当該役務提供先若しくは当該役務提供先があらかじめ定めた者に通報すること、を意味する。

例えば、国内子会社B社の従業員が、B社の役職員による強制わいせつに該当するセクシャルハラスメント案件について、親会社A社が設置してグループ会社が利用できるようにしたグループ共通窓口に通報したという場合を考えると、これは、B社の労働者（法2条1項1号）が、「その役務提供先であるB社について」、B社があらかじめ定めた者（A社）に通報

するという場面であるから、Ｂ社についての内部公益通報ということになる。

　一方、Ａ社の役職員による強制わいせつに該当するセクシャルハラスメント案件を、Ｂ社の役職員がグループ共通窓口に通報してきた場合、子会社といえども別法人の役職員からの通報であるため、Ａ社にとっての内部公益通報には該当しないことになる。ただし、例えばＢ社がＡ社との継続的取引関係にあり、通報してきたＢ社の役職員が当該取引関係に基づく事業に従事する場合は、いわゆる取引先からの通報となり、内部公益通報に該当することがある点に留意する必要がある（法2条1項3号・4号ロ参照。次項12参照）。

⑶　努力義務となる子会社・グループ会社における対応

　法が事業者に求める従事者指定義務と体制整備義務は、常時使用する労働者数が300人以下の法人では努力義務とされており（法11条3項）、企業グループにおいては、法人単位で常時使用する労働者数を確認し、法的義務の対象か、努力義務の対象かを区別することとなる。

　企業グループが直面する制度設計上の論点としては、努力義務の対象となる子会社・グループ会社において、従事者指定や体制整備を行うか、行う場合はどのような対応をするか、という点である。

　この点については、まず以下のとおり4とおりの選択肢があることになる。

【努力義務の対象企業における対応の有無】　○：対応する　×：対応しない

選択肢	従事者指定	体制整備
1	○	○
2	○	×
3	×	○
4	×	×

これらの選択肢のうちいずれをとるかは、各企業グループに委ねられているが、筆者の肌感覚としては、従事者を指定する1・2の対応をとる企業グループは比較的少なく、例えば窓口設置を含む体制を整備するといった3（の一部）の対応が比較的多い印象を受けている。3の対応については、例えば、常時使用する労働者数が300人以下の子会社・グループ会社についても、例えば東証プライム市場やスタンダード市場に上場し、コーポレートガバナンス・コードが全て適用されている親会社として、同コード原則2－5により内部通報制度の整備が義務付けられているため、子会社・グループ会社全体の取組みとして、努力義務の対象であっても窓口設置等の体制整備を行うという整理をする場合や、リスクマネジメントの観点から実際にコンプライアンス違反等のリスクが想定される子会社・グループ会社についても体制整備を行うという整理をする場合などが考えられる。

一方、企業グループによっては、例えば、従業員数人のグループ会社ではそもそも内部公益通報の数自体が少ないため、従事者を指定しても実際に従事者として守秘義務を負う事案はほとんど発生せず特に実際の影響はないとして従事者を指定し、また、窓口設置等の体制整備は親会社が設置するグループ共通窓口等をそのまま利用する、といった形で1の選択肢をとるという例もあると考えられる。

なお、従事者指定が努力義務である場合でも、指定をした場合には、法12条に基づく守秘義務が課されることになり、この点では法律上の義務を負う企業でも努力義務を負う企業でも異なる点はないことに留意が必要である（本章8(2)ア参照）。

(4)　300人で線を引くのか（何人で対応を変えるのか）

上記(3)で選択肢1以外、すなわち子会社・グループ会社について「×（対応しない）」が1つでも入る整理とする場合、対応を分ける基準を法の

定める「常時使用する労働者300人」に揃えるか否か、という論点がある。これについても、実務上、いくつかの考え方があり得るところである。

【対応を分ける人数についての考え方】

選択肢	対応	具体例
A	法律に合わせ、300人で対応を分ける	300人以下か、301人以上か
B	法律より少し低めで対応を分ける	250人など
C	法律よりかなり低めで対応を分ける	30人など
D	対応を分けない	5人でも対応する

　選択肢AとDはシンプルであるが、BとCについては解説を要するかもしれない。まずBについては、例えば採用等によって子会社・グループ会社の労働者数が変動することを考えた際、親会社の把握しない間に常時使用する労働者数が300人を超えていて、法的義務の対象企業となり、違法状態となってしまうことを避けるための考え方である。また、Cについては、例えばプライム企業等の大企業や公益性の高い業種・業態の企業（例：金融機関）などが親会社の場合などにおいて、基本的には規模が大きくない子会社・グループ会社まで含め、企業グループ全体として対応に取り組むべきと整理をしつつ、さすがに例えば5人、10人といった規模の企業まで対応をする必要はないとして、300人よりはかなり低めの人数で区別する、という考え方である。いずれの考え方にもそれぞれ合理性があると考えられる。

(5)　子会社・グループ会社における通報窓口をどこにするか

　次に、子会社・グループ会社でも体制整備をするとして、その通報窓口を設けるという場合には、当該窓口をどこに設けるか、という論点がある。これについては、以下のとおり、複数の選択肢が考えられる。そして、これらは択一の選択肢ではなく、同時に複数の窓口を設けることも可

能である。

【子会社・グループ会社における通報窓口】

選択肢	通報窓口の設置場所
①	子会社の社内窓口
②	子会社の社外窓口（専門業者、弁護士）
③	グループ共通窓口としての親会社窓口
④	グループ共通窓口としての社外窓口（専門業者、弁護士）

　①・②と③・④の違いは、①・②が子会社・グループ会社独自の窓口であるのに対し、③・④は企業グループとしての共通窓口であるという点である。

　そして①と②の違いは、①が子会社・グループ会社の内部であり労働者等の「役務提供先」（法2条1項）に該当するのに対し、②は子会社・グループ会社が「あらかじめ定め」る社外窓口であり、具体的には外部の専門業者や弁護士を指定することが考えられる。

　また、③と④の違いも、これと同様に社内・外の差異であり、③が親会社内に設けられる通報窓口であるのに対し、④は社外窓口であり、具体的には外部の専門業者や弁護士を指定することが考えられる。

　なお、③・④については、親会社のみならず子会社・グループ会社自身でもグループ共通窓口として「定める」場合もあれば[6]、親会社と子会社・グループ会社間での取決めや規程体系によっては親会社が「グループ全体のために定める」場合もあり得ると考えられる。どちらの形で設置するか

6　指針解説の脚注13に、「子会社や関連会社において、企業グループ共通の窓口を自社の内部公益通報受付窓口とするためには、その旨を子会社や関連会社自身の内部規程等において『あらかじめ定め』ることが必要である（法2条1項柱書参照）。また、企業グループ共通の窓口を設けた場合であっても、当該窓口を経由した公益通報対応業務に関する子会社や関連会社の責任者は、子会社や関連会社自身において明確に定めなければならない」と記載されている。

は、各企業グループにおける親会社と子会社・グループ会社間の制度設計のあり方によると思われる。

(6)　誰が従事者を指定するか

子会社・グループ会社の通報窓口をどのように設置するかによって、法に基づく従事者を誰が指定するかも異なり得る。

まず(5)①・②の場合は、子会社・グループ会社自身（具体的には、コンプライアンス担当役員や部長など、子会社・グループ会社によって異なると考えられる）が、従事者を指定することになる。

一方、(5)③・④の場合も、子会社・グループ会社が、グループ共通窓口としての親会社窓口や社外窓口を利用する以上、子会社・グループ会社として、親会社窓口を担当する親会社の役職員や社外窓口担当者を従事者として指定する必要がある。

この(5)③・④の場合の具体的な指定のあり方としては、

⑦：親会社から誰を従事者指定すべきかの情報共有を受けた上で、子会社・グループ会社自身が従事者の指定をする方法

④：子会社・グループ会社が親会社に具体的な従事者の指定を委任する方法（その上で、親会社から具体的な指定をした旨の報告を受けることも考えられる）

の2とおりが考えられる。

(7)　内部規程をどのように定めるか

子会社・グループ会社の内部通報制度について、どのように内部規程を定めるかについても、大きくは以下の2とおりの考え方がある。

(A)：親会社が定めた内部規程の内容・形式を踏まえ、子会社・グループ会社自身が同様の規程を定める

(B)：親会社が、子会社・グループ会社全体のために、グループ共通規程

としての内部規程を定める

(A)については、子会社・グループ会社特有の事情を除いて、親会社が定める内部規程とほぼ同一の規定を設ける場合が典型的と思われる。

(B)については、仮に、単に「グループ全体」について規定すると、常時使用する労働者数が300人以下の子会社・グループ会社にも当てはまることになる点に注意が必要である。したがって、仮に300人超の子会社・グループ会社についてのみ適用されるグループ共通規程を設けるのであれば、その旨を明記する必要がある。子会社・グループ会社側では対応した規程を設けないことが想定されるが、この場合でも、子会社・グループ会社の側で何らの対応もしないことは考えられず、子会社・グループ会社において、その役職員に、親会社窓口を通報先とする旨をメール、社内報、社内ポータル等でアナウンスするなどの対応が考えられる。

具体的な規程例のイメージは、以下のとおりである。

【上記(A)の規程例】

〈親会社内部規程〉

・当社は、以下の者を、本規程により、従事者として指定する。

　①〈略〉［注1］

・当社は、当社の以下の者を、別紙記載の子会社・グループ会社からの委任を受けて、本規程により同子会社・グループ会社の従事者として指定する［注2］。

　①〈略〉［注1］

別紙〈略〉

〈子会社内部規程〉

・当社は、親会社の以下の者を、本規程により従事者として指定する［注3］。

① 〈略〉

・当社は、親会社に、当社の従事者としての指定を委任する［注4］。

注1：親会社の担当者や社外窓口を担当する弁護士等を指定する規定である。

注2：子会社・グループ会社から委任を受け、同子会社・グループ会社のために従事者を指定する場合（注4参照）の規定である。

注3：子会社が、直接、親会社における子会社・グループ会社共通窓口の担当従業員を指定する場合の規定である。

注4：子会社が、親会社に委任して、親会社において子会社・グループ会社共通窓口の担当従業員を指定する場合の規定である。

【上記(B)の規程例】

〈親会社〉

　本規程の適用範囲は、別紙記載の当グループ各社とする。

　本規程は、グループ経営管理規程に基づき［注5］、別紙記載の当グループ各社における［注6］内部規程となる。

　当社は、本規程により、当社の以下の者を、当社役職員からの当社に関する通報については当社の従事者として、別紙記載の当社以外のグループ会社役職員からの当該会社に関する通報については当該会社の従事者として、それぞれ指定する［注7］。

① 〈略〉

　別紙 〈略〉

〈子会社〉

　規程は設けない［注8］。

注5：グループ経営管理規程のようなグループ共通規程がある場合には、当該規程に基づいて、親会社が定める内部規程が子会社・グループ会社にとっての規程にもなる場合があると考えられる。なお、グループ経営管理規程のようなグループ共通規程がない企業グループの場合であっても、親

会社と子会社・グループ会社との関係や規程体系等に基づいて、親会社として当然に子会社・グループ会社のために規程を定めることができるという整理をしている場合も考えられる。

注6：「別紙記載の当グループ各社における」との部分について、上記のとおり、例えば常時使用する従業員数が300人を超える子会社・グループ会社のみとするなどの選択をすることも考えられる。

注7：親会社の設置するグループ共通窓口の担当者を、親会社自身の通報については親会社の従事者として、子会社・グループ会社からの通報については当該会社についての従事者として、指定する規定例である[7]。

注8：子会社・グループ会社側では対応した規程を設けないことが想定されるが、この場合でも、子会社・グループ会社の側で何らの対応もしないことは考えられず、子会社・グループ会社において、その役職員に、親会社窓口を通報先とする旨をメール、社内報、社内ポータル等でアナウンスするなどの対応が考えられる。

---

12 | 取引先ラインについての制度設計

(1) はじめに

　内部通報システムの制度設計を行う上で、いわゆる取引先からの通報について法がどのように適用されるか、という論点がある。以下、取引先からの通報ライン（以下「取引先ライン」という）に係る制度設計上の論点について整理する。

7　なお、子会社・グループ会社が親会社との継続的契約関係にある場合（例：サプライヤー契約や販売代理店契約等がある場合）、親会社の役職員ではなく、親会社から見ると「社外」である子会社・グループ会社役職員から親会社に関する通報がなされた場合も、親会社にとっての内部公益通報になる場合もあるため、そのような場合には、それも踏まえた規定に修正することも考えられる（詳細は、本章12において解説する）。

⑵　公益通報の定義と取引先からの通報

　法2条1項3号及び4号ロは、取引先からの通報に関する規定である。すなわち、以下のア・イで述べる要件を満たす場合には、取引先の役職員からの通報も公益通報に該当することになる。

　なお、本章11⑵で述べたとおり、子会社・グループ会社の役職員から、親会社窓口に、親会社や親会社役職員の問題について公益通報がなされた場合、通常は、子会社・グループ会社といえども別法人の役職員からの通報であるため、親会社にとっての内部公益通報には該当しないことになるが、例えば親会社と子会社・グループ会社が継続的取引関係にあり、通報してきた子会社・グループ会社の役職員が当該取引関係に基づく事業に従事する場合は、いわゆる取引先からの通報となり、内部公益通報に該当することに留意する必要がある。

ア　法2条1項3号

　法2条1項3号は、取引先の従業員等からの通報について、以下のとおり、規定する。

　「公益通報」とは、次の各号に掲げる者が、……当該各号に定める事業者……の役員……、従業員、代理人その他の者について通報対象事実が生じ、又はまさに生じようとしている旨を、……役務提供先等……に通報することをいう。

（略）

3　前2号に定める事業者が他の事業者との請負契約その他の契約に基づいて事業を行い、又は行っていた場合において、当該事業に従事し、又は当該通報の日前1年以内に従事していた労働者若しくは労働者であった者又は派遣労働者若しくは派遣労働者であった者

　この規定にいう「前2号に定める事業者」は、労働者の使用者や派遣労働者の役務提供先を意味する。例えば、A社がB社に対し、業務委託契約に基づきあるサービスを委託している場合の受託者B社という事例を想定する。この場合、「他の事業者」が委託者であるA社となる。すなわち、委託者であるA社が条文上「他の事業者」の方に該当する点が、やや分かりにくいので留意が必要である。

　次に「請負契約その他の契約」と規定されているが、これについては、一定の継続的契約関係を意味すると解釈されており、販売を業としない者による継続的ではない一回的な売買契約のような場合は含まれないと考えられる（逐条解説67頁参照）。

　そして、「当該事業に従事し」とあるため、請負契約等の継続的契約関係にある取引先（上記B社）の労働者や派遣労働者の全てが含まれる訳ではなく、取引先の労働者・派遣労働者のうち、当該継続的契約関係に基づいて、当該他の事業者（上記A社）の事業に従事する労働者・派遣労働者である必要がある。

　典型的には、例えば委託者A社が受託者B社に清掃業務を委託し、A社のビルで清掃業務を行っているB社の従業員が想定される。ただし、事業に従事してさえいれば足り、例えば上記事例でB社からA社に物理的に送り込まれて、A社内で業務に当たるといった"A社内部での執務"といった要件まで必要とされていない。

　さらに、法が退職後1年以内の退職者も公益通報者の定義に含めたことを受け、「当該通報の日前1年以内に従事していた」との文言が定められている[8]。

　なお、注意を要するのは、ここで取引先である受託者B社の従業員からの通報が委託者A社にとっての内部公益通報に該当するのは、あくまでも

通報内容が委託者Ａ社や、Ａ社の役職員等についての通報対象事実であることが必要である（法２条１項柱書参照）。すなわち、取引先である受託者Ｂ社の従業員が、Ｂ社やＢ社の役職員についての通報対象事実をＡ社に通報してきても、それはＡ社についての内部公益通報には該当しない。

イ 法２条１項４号ロ

法２条１項４号ロは、取引先の役員からの通報について、以下のとおり、規定する。

四 役員 次に掲げる事業者
　イ 当該役員に職務を行わせる事業者
　ロ イに掲げる事業者が他の事業者との請負契約その他の契約に基づいて事業を行う場合において、当該役員が当該事業に従事するときにおける当該他の事業者

この規定にいう「イに掲げる事業者」は、「当該役員に職務を行わせる事業者」すなわち役員の所属企業を意味する。例えば、アと同じく、Ａ社がＢ社に対し、業務委託契約に基づきあるサービスを委託している場合の受託者Ｂ社という事例を想定する。この場合、「他の事業者」が委託者であるＡ社となる。

次に「請負契約その他の契約」と規定されているが、これはアと同じく、一定の継続的契約関係を意味すると解釈されている。

そして、「当該役員が当該事業に従事するとき」とあるため、請負契約

---

8 なお、当該通報の日前１年以内に「従事していた」との規定となっているため、例えば、いまだＢ社には在籍しているものの、Ａ社の事業に従事しなくなってから１年を経過した者についても、１年より前の退職者と同様に「当該通報の日前１年以内に従事していた」に該当せず、対象に含まれないことになると考えられる。

等の継続的契約関係にある取引先（上記Ｂ社）の役員の全てが含まれる訳ではなく、取引先の役員のうち、当該継続的契約関係に基づいて、当該他の事業者（上記Ａ社）の事業に従事する役員である必要がある。一方、事業に従事してさえいれば足り、例えば上記事例でＢ社からＡ社に物理的に送り込まれて、Ａ社内で業務に当たるといった"Ａ社内部での執務"といった要件まで必要とされていない。

さらに、法は、退職後１年以内の退職者も公益通報者の定義に含める一方で、退任役員については含めていないため、取引先役員についても、アとは異なり、含まれていない。

なお、アと同じく、ここで取引先である受託者Ｂ社の役員からの通報が委託者Ａ社にとっての内部公益通報に該当するのは、あくまでも通報内容が委託者Ａ社や、Ａ社の役職員等についての通報対象事実であることが必要である（法２条１項柱書参照）。すなわち、取引先である受託者Ｂ社の役員が、Ｂ社やＢ社の役職員についての通報対象事実をＡ社に通報してきても、それはＡ社についての内部公益通報には該当しない。

(3)　従事者指定義務・体制整備義務と取引先ラインの整備

(2)で述べたとおり、法２条１項３号及び４号ロの定める取引先の役職員からの通報も公益通報に該当するが、従事者指定義務及び体制整備義務を定める法11条１項・２項が前提とする「第３条第１号及び第６条第１号に定める公益通報を受け」「第３条第１号及び第６条第１号に定める公益通報に応じ」とは、法２条１項３号及び４号ロの取引先の役職員からの通報の場合も含まれると考えられる。

すなわち、法２条１項３号及び４号ロの定める取引先の役職員からの公益通報も内部公益通報に該当するので、これについても従事者指定や体制整備が求められることになる。

ただし、社内の役職員からの通報と取引先の役職員からの通報とでは、

通報受付や調査等の具体的な対応体制には差異が出てくることも当然に考えられるところである。この点、指針解説でも、取引先を含めた内部公益通報対応体制の整備は推奨事項の具体例として記載されていること（第3－Ⅱ－1－(1)－④、同(2)－④）も踏まえれば、取引先の役職員からの内部公益通報については、社内の役職員からの内部公益通報と全く同一の体制整備等が求められていると考える必要は必ずしもなく、個々の企業において適切な体制を検討することが求められていると考えられる。

(4)　取引先ラインを設置する場合の窓口設計のあり方

取引先の役職員からの通報を受け付ける窓口、すなわち取引先ラインを設置する場合には、いくつかの設計があり得る。

まずは、①社内や子会社・グループ会社の役職員からの通報を受け付ける窓口において、利用対象者に取引先の役職員も含めることで、共通の窓口とすることが考えられる。あるいは、②取引先専用の通報窓口（"サプライチェーン・ホットライン"など）を設置する方法や、③一般の"お客様窓口"において、取引先からの通報も受け付けることとする方法なども考えられる。②や③の方法をとる実務上のメリットとしては、社内の窓口とは異なる観点からのリスク情報を拾い上げやすくする制度設計とすることができるという点が考えられる。

①の設計は、前述(2)の設例でいえば、取引先ラインを設ける委託者A社において、取引先である受託者B社の役職員も、A社の通報窓口を利用できることにする、という設計である。この場合、通常は、「A社やA社の役職員に関する問題については」A社の通報窓口を利用できるということにし、B社やB社の役職員に関する問題についてまでは受け付けないことにするものと考えられる（B社側の問題について受け付けてもA社にとって対応ができないからである）。もっとも、取引先の中でも重要であるが独自の通報窓口を持つには規模が小さすぎるサプライチェーン企業のような場

合には、子会社・グループ会社について設計されることがあるのと同様に、当該サプライチェーン企業（B社）自身の問題についても委託者側（A社）の窓口で受け付けることも考えられる。

　そして、委託者（A社）の事業に従事する取引先（B社）においてA社の事業に従事するB社の役職員からA社窓口がA社に関する公益通報を受け付けた場合、当該通報は、A社にとっての内部公益通報に該当するため、A社は、A社窓口で通報を受け付け、また調査や是正措置等を担当するA社役職員について従事者指定を行う必要がある。受付担当者の指定は事前に包括的になされているはずであるが、当該案件について調査や是正措置等を担当する役職員については指定されていないことも考えられるため、この点の従事者指定が漏れないように留意する必要がある。

　この点、A社の事業に従事しないB社の役職員からA社窓口が公益通報を受け付けた場合は、法2条1項3号及び4号ロの定める要件を充足しないため、A社は、当該通報案件の調査等の担当者を従事者に指定する必要はないことになる。ただし、A社にとって当該通報者（B社の役職員）がB社においてA社事業に従事するか否かを正確に区別できない場合も多いと考えられるため、広めに従事者指定を検討せざるを得ないものと考えられる。

　また、②の取引先専用の通報窓口を設ける場合としては、取引先の中でも、違法行為のリスクが高い先（例えば、循環取引のリスクが想定される仕入先）を対象とする特別な取引先ラインを設けつつ、その他一般の取引先については③の一般の"お客様窓口"で受け付けるといった整理も考えられる。

　なお、③の一般の"お客様窓口"において取引先からの通報も受け付けることとする方法においては、いわゆる通報窓口と同一ではないにせよ、必要な場合には従事者に指定すること、不利益取扱い、範囲外共有、通報者探索の禁止等、必要な体制整備を何らかの形で行うようにする点が課題

と考えられる。

---

13 │ 海外に関する論点

(1) はじめに

　本項では、法・指針・指針解説においてはその適用関係が必ずしも明示されていない海外関連の論点を整理する。

　なお、一般に法の域外適用については、海外での積極的な立法や法執行がなされている例がある中で、日本でも、例えば個人情報保護法改正に関連して各種の検討がなされた結果[9]、令和2年改正個人情報保護法で、外国事業者に対しても域外適用がなされる旨の条文が置かれるなど（個人情報保護法166条）、必要な場合には域外適用が法律上明定されるなどの手当てがなされている。したがって、公益通報者保護法については、法・指針・指針解説が域外適用について明確な規定・方針を示していない以上、海外への域外適用については、法令の文言等に照らし当然に適用されると考えられる場合を除いては、基本的には抑制的かつ慎重に判断すべきものと考えられる。

(2) 公益通報の定義と海外

　まず、「公益通報」（法2条1項）の定義と海外の関係を整理する。

　(3)で後述するとおり、公益通報に該当すると、従事者指定義務（法11条

9　例えば、2019年11月25日開催の個人情報保護委員会議事概要（https://www.ppc. go.jp/files/pdf/1125_gaiyou.pdf）及び資料1「個人情報保護を巡る国内外の動向」（https://www.ppc.go.jp/files/pdf/191125_shiryou1.pdf）参照。

１項）と体制整備義務（法11条２項）が発生するため、そもそも公益通報に該当する場面か否かの確認をする必要があるためである。

ア　通報者の定義

　そもそも法２条１項は、公益通報を行う者について、同条項「各号に掲げる者」と規定する。

　まず、１号は、労働基準法９条に規定する「労働者」又は１年以内に労働者であった退職者が、その使用者について通報する場合を定めている。したがって、１号との関係では、日本の労働基準法上の労働者に該当しない者からの通報は、公益通報に該当しないことになる。

　次に、２号は、労働者派遣事業の適正な運営の確保及び派遣労働者の保護等に関する法律（以下「労働者派遣法」という）２条２号に規定する「派遣労働者」又は１年以内に派遣労働者であった者が、その派遣先について通報する場合を定めている。したがって、２号との関係では、日本の労働者派遣法上の派遣労働者に該当しない者からの通報は、公益通報に該当しないことになる。

　また、請負契約その他の契約に基づく場合、すなわちいわゆる取引先の従業員からの通報について規定する３号も、これら１号及び２号の労働者・派遣労働者を前提としているため、３号との関係でも、これらに該当しない者からの通報は、公益通報に該当しないことになる。

　一方、法２条１項４号は「役員」からの通報について規定するが、「役員」の定義については、同項柱書が、「法人の取締役、執行役、会計参与、監査役、理事、監事及び清算人並びにこれら以外の者で法令（法律及び法律に基づく命令をいう。以下同じ。）の規定に基づき法人の経営に従事している者（会計監査人を除く。）」と定義しており、やはり日本の会社法等に定められる取締役等を意味しているため、４号との関係では、当該役員に該当しない者からの通報は、公益通報に該当しないことになる。

イ　通報対象事実の定義

　法2条3項は、公益通報の対象となる通報対象事実について、日本の刑事罰又は行政罰の対象行為である旨を明らかにしている。

　したがって、海外法令に関する違反行為を内容とする通報は、法の定める公益通報には該当しないことになる。一方で、例えば海外が舞台となる行為であっても、不正競争防止法18条の定める外国公務員贈賄行為のように、日本法上も犯罪行為として刑事罰があり得る行為については、公益通報に該当し得ることになる。また、強制わいせつ罪や名誉毀損罪も日本国民の国外犯を罰するので（刑法3条5号・13号）、例えば日本法人の日本人役職員が海外出張中に行った、これらの犯罪に該当するセクシャルハラスメント・パワーハラスメント行為についての通報も、公益通報に該当し得ることになる。

ウ　誰についての通報対象事実か

　法2条1項は、「当該各号に定める事業者（中略）又は当該役務提供先の事業に従事する場合におけるその役員（中略）、従業員、代理人その他の者について通報対象事実が生じ、又はまさに生じようとしている旨を」通報することを公益通報と定めている。

　したがって、日本法人とそのグループに属する海外法人が登場する状況では、誰が誰についての事実関係を通報したのかによって場合分けをして、日本法人やその役職員等についての通報対象事実を通報するものとして公益通報に該当するかを判断することが必要となる（具体的には第3章10で整理する）。

(3)　法11条と海外

　次に、法11条が求める従事者指定義務及び体制整備義務と海外の関係を整理する。

ア　法・指針・指針解説における言及

　まず、(2)イのとおり、海外が舞台となる行為であっても、日本の刑事罰又は行政罰の対象となり、通報対象事実に該当し得ることは考えられるため、誰が、誰の行為を通報したか次第では、法律上の公益通報に該当し、法が適用されることは理論的に考えられることになる。

　しかしながら、法及び指針には、海外に関する事案についての適用関係についての具体的な言及はない。したがって、法11条が求める従事者指定義務及び体制整備義務についても、これが海外との関係でどこまでどのように適用されるのか否かは、法及び指針の文言からは必ずしも明らかではない、という状況である。

　この点、指針が確定した2021年8月20日に同時に消費者庁から公表されたパブリック・コメントの結果においては、「海外子会社が日本の親会社が開設している通報窓口を利用する場合において、本指針の適用対象となるのか明らかにしていただきたい」との問いに対し、「日本国内の事業者に対し適用されるものと考えます」との回答がなされた[10]。

　同パブリック・コメント手続においては、他にも、海外子会社を含む海外グループ企業を含めた体制整備をすることが望ましいとの記載を望む指摘[11]や、日本を含むグローバルの通報窓口業務を海外事業者に委託している場合に、当該海外事業者に法を理解してもらうことが困難を極めることなどが予想され、外部委託先の確保が難しくなる可能性があるため、社外窓口に対する従事者指定を不要とすることを明確化すべきとの指摘[12]もなされていたが、その後公表された指針解説においては、遵守事項にも推奨事項にも、海外に関する記載はなされなかった。

10　「（別表）パブリックコメント手続において寄せられた意見等に対する回答」50頁（https://www.caa.go.jp/notice/assets/consumer_research_cms210_20210819_05.pdf）。
11　「（別表）パブリックコメント手続において寄せられた意見等に対する回答」54頁。
12　「（別表）パブリックコメント手続において寄せられた意見等に対する回答」7頁。

一方、法が施行された2022年6月に公表された消費者庁Q&Aにおける「内部公益通報対応体制に関するQ&A」のQ13[13]においては、「国外の事業者に内部公益通報受付窓口を設置することはできますか」との問いに対し、「国外の事業者に内部公益通報受付窓口を設置することは可能ですが、その場合においても、従事者の指定や範囲外共有等の防止に関する措置など指針の定める措置を適切に行う必要があります」との回答が示された。

イ　法11条に関する海外適用関係の整理

　これらを踏まえると、筆者としては、以下のように整理することができるのではないかと考えている。

①　外国公務員贈賄のように、海外が舞台となる行為であっても日本法において刑事罰又は行政罰によって規律される内容の通報は、法に定める公益通報に該当し得る。

②　そして、①の通報を、常時使用労働者が300人を超える日本法人の労働基準法の「労働者」（1年以内に当該労働者であった者を含む）[14]が、海外にいる場合であっても、当該日本法人に通報すれば、内部公益通報に該当し得る。そのため、それが日本法人の内部公益通報受付窓口（指針第2「用語の説明」参照）に通報されれば、日本法人は、受付・調査・是正措置等の担当者が指針第3－1に定める要件を満たす場合には、法11条1項が求める従事者指定義務を果たす必要がある。

③　また、①の通報を、常時使用労働者が300人を超える日本法人の労働基準法の「労働者」（1年以内に当該労働者であった者を含む）が、海外にいる場合であっても、当該日本法人に通報すれば、内部公益通報

13　https://www.caa.go.jp/policies/policy/consumer_partnerships/whisleblower_protection_system/faq/faq_007/#q13

14　なお、労働者派遣法上の「派遣労働者」が海外にいる場合も同様である。以下、本項において同じ。

に該当し得るため、日本法人は、法11条2項が求める体制整備義務を果たす必要がある。

④　これに対し、パブリック・コメントで明らかになったとおり、法11条が求める従事者指定義務及び体制整備義務は、海外法人には課されない。したがって、常時使用労働者が300人を超える海外子会社に出向しているものの、日本法人の労働基準法の「労働者」でもある者が、海外子会社における外国公務員贈賄を当該海外子会社に通報したり、海外子会社が設置する通報窓口に通報したりしても、当該海外子会社は、法11条が求める従事者指定義務及び体制整備義務を果たす必要はない。

⑤　また、消費者庁Q&Aで明らかになったとおり、常時使用労働者が300人を超える日本法人が、海外の親会社や海外の通報受付専門企業に社外窓口を設置する場合、当該日本法人には従事者指定義務及び体制整備義務が課されるため、海外親会社や海外専門企業の役職員を対象とした従事者指定義務や体制整備義務が当該日本法人に課される。これにより、かかる日本法人は、海外親会社や海外専門企業の役職員であっても、日本法人のための公益通報対応業務を行わせる以上、従事者として指定する必要があるし、海外親会社や海外専門企業との契約等に基づいて、海外親会社や海外専門企業に指針・指針解説の定める各種の体制整備を行わせる必要がある。なお、海外親会社や海外専門企業の窓口に通報された日本法人に関する公益通報事案について、日本法人内で調査や是正措置を行う場合には、日本法人で関与する役職員についての従事者指定や日本法人内の体制整備も当然必要である。

⑷　法12条等と海外

法のその他の規定に関する海外関連の適用関係についても整理をしてみ

たい。

　まず、法12条の守秘義務については、海外親会社や海外専門企業の役職員が従事者に指定された場合に、これらの従事者に適用される趣旨かは、法文上必ずしも明確ではない。

　ただし、法12条の守秘義務の違反について刑事罰を課す法21条の適用については、海外での域外適用についての特則がなく、その他、法文上も前述の指針、パブリック・コメント、指針解説の制定過程における経緯に照らしても積極的な域外適用が想定されていたと考えられる事情が認められない以上、属地主義の原則（刑法1条参照）に基づき、日本国内での適用に限定され、海外での違反には適用されないと考えられる。

　そして、(3)イ④記載のとおり、パブリック・コメントにより法11条の従事者指定義務及び体制整備義務は、海外法人には適用されないことが明らかとなったことも踏まえると、法12条違反の刑事罰のみならず、そもそも同条の守秘義務自体が海外法人の役職員に対しては適用されないと考えられる。そのため、海外法人の役職員は、たとえ(3)イ⑤記載のとおり従事者に指定されたとしても、法12条（守秘義務）の適用を受けない、というのが筆者の見解である[15]。ただ、従事者個人の守秘義務の適用がないとしても、日本法人としての体制整備義務や従事者指定義務は課せられているのであって、日本法人としては適切な対応が必要である。

　また、報告徴収、助言、指導、勧告、そして勧告に従わない場合の公表等の行政措置を定める法15条及び16条と、15条の報告をせず、又は虚偽の報告をした者についての過料の制裁を定める法22条についても、海外での域外適用についての特則は規定されていない。これらについても、上記の刑事罰と同様に、日本国内での適用に限定され、海外には適用されないと考えられる[16]。

15　なお、海外法人の役職員とはいえ、日本法人の役職員の地位を兼務する場合には、法12条が適用されるものと考えられる。

14 | 内部規程について

(1) 指針・指針解説の内容

指針第 4 - 3 - (4)「内部規程の策定及び運用に関する措置」は、「この指針において求められる事項について、内部規程において定め、また、当該規程の定めに従って運用する」と規定する。

この指針の趣旨について、指針解説は、「指針の内容を当該事業者において守るべきルールとして明確にし、担当者が交代することによって対応が変わることや、対応がルールに沿ったものか否かが不明確となる事態等が生じないようにすることが重要であり、その観点からはルールを規程として明確に定めることが必要となる」と述べている。

この観点に照らし、内部規程の具体的名称は必ずしも「内部通報規程」でなくても構わないし、そもそも「規程」という名称でなくても、ルールや運用が明確に定められ、単に担当者の交代等によって対応や内容が変わることがない状態となっていればこれを充足すると考えられる。消費者庁Q&Aも「内部規程の名称について特段の規定はありません」と明らかにしている。

(2) 消費者庁ウェブサイト内部規程例の位置付け

筆者は、事業者における法に対応した内部規程の例（以下「消費者庁ウェブサイト内部規程例」という）を作成し、消費者庁と一般社団法人日本経済

16　なお、日本法人の海外支店の場合には、日本法人に対して、海外支店における体制整備に関する報告徴収等の行政措置等をとることで、海外支店にその効果を及ぼすことが考えられる。

団体連合会の共催セミナー（2022年1月開催）において、同内部規程例について解説を行った。この消費者庁ウェブサイト内部規程例（巻末資料）は、消費者庁ウェブサイトにて公表されている[17]。なお、消費者庁ウェブサイト内部規程例は、消費者庁として公式に認定したものではなく、事業者による独自の定めを妨げるものではない。

　この点、筆者は、法改正以前に、消費者庁からの依頼に基づいて、民間ガイドラインに基づく内部規程の例（旧内部規程例）を作成し、消費者庁による民間事業者向け説明会（2019年度開催）にて解説を行っていたが、今般の消費者庁ウェブサイト内部規程例は、これらの内容を踏まえ、法改正を反映させる形で作成したものである。

　消費者庁ウェブサイト内部規程例は、法・指針・指針解説において遵守すべきとされている事項や推奨されている事項に加え、実務的に望ましいと考えられる条項を設けているものであり、1つの参考としてご参照いただきたい。

(3) 「遵守事項＋推奨事項版」と「遵守事項版」

　消費者庁ウェブサイト内部規程例は、「遵守事項＋推奨事項版」（巻末資料1）と「遵守事項版」（巻末資料2）の2種類で構成されている。

　このうち「遵守事項＋推奨事項版」は、指針解説の「指針を遵守するための考え方や具体例」のみならず「その他に推奨される考え方や具体例」についてもできる限り反映することに努めたものとして作成されているが、それらを網羅的に反映したものではなく、また、指針及び指針解説に記載されていても内部規程に記載することになじまない事項については含まれていない。また、指針は公益通報を対象としているが、事業者として

17　「消費者庁と他団体との共催説明会」に記載の各資料参照（https://www.caa.
　　go.jp/policies/policy/consumer_partnerships/whisleblower_protection_system/
　　pr/）。

は、法律上の公益通報に該当しなくとも、内部通報全般を対象とするのが一般的であるため、消費者庁ウェブサイト内部規程例は、その前提で作成されており、また、筆者として望ましいと考えた内容も含むものとして作成されている（「遵守事項＋推奨事項版」脚注1参照）[18]。また、消費者庁ウェブサイト内部規程例「遵守事項＋推奨事項版」に定める事項を全て網羅できなければ、指針が求める内部規程と評価されないというものではなく、あくまで事業者にとっての参考資料として提示するものであり、事業者の創意工夫を妨げるものではない一方で、その内容をそのまま採用すれば、指針が求める内部規程として十分であることを保証するものでもなく、特に通報窓口に通報（内部公益通報を含む）された事案の取扱いについて、実務的な手引き等を作成しておくことが重要と考えられる（同脚注2参照）。

　また、「遵守事項版」は、指針及び指針解説で最低限遵守するべきとされている事項を中心として作成したものであるが、かかる事項以外でも、実務上、最低限規定することが望ましい事項についても、必要に応じて盛り込んでいる。したがって、「遵守事項版」に定める事項を全て網羅できなければ、指針が求める内部規程と評価されないというものではなく、あくまで事業者にとっての参考資料として提示するものであり、事業者の創意工夫を妨げるものではない。他方、「遵守事項版」をそのまま採用すれば、指針が求める内部規程として十分であることを保証するものでもなく、「遵守事項＋推奨事項版」と同様に、特に通報窓口に通報（内部公益通報を含む）された事案の取扱いについて、実務的な手引き等を作成しておくことが重要である（「遵守事項」脚注1参照）。

18　なお、子会社・グループ会社の役職員に通報窓口を利用させることを想定していない前提で作成されている。

⑷ 「指定書（案）」

　筆者は、消費者庁と一般社団法人日本経済団体連合会の共催セミナー（2022年1月開催）において消費者庁ウェブサイト内部規程例について解説を行う際、参考資料として、同じく筆者が例として作成した従事者を指定する際の指定書の一案（以下「指定書（案）」という）についても解説を行った。この指定書（案）も、消費者庁ウェブサイトにて公表されている[19]。

　この指定書（案）は、従事者の指定について、指針第3-2が「事業者は、従事者を定める際には、書面により指定をするなど、従事者の地位に就くことが従事者となる者自身に明らかとなる方法により定めなければならない」と規定し、指針解説第3-Ⅰ-2-③が「指針を遵守するための考え方や具体例」として、「従事者を定める方法として、従事者に対して個別に通知する方法のほか、内部規程等において部署・部署内のチーム・役職等の特定の属性で指定することが考えられる。後者の場合においても、従事者の地位に就くことを従事者となる者自身に明らかにする必要がある」と定めたことを受けて作成したもので、あらかじめ包括的に指定する包括指定書と、個別に追加的に指定する個別指定書の2種類のサンプルとなっている。これらの指定書（案）は、本章2⑶アに掲載しているとおりである。

19　「消費者庁と他団体との共催説明会」の記載参照（https://www.caa.go.jp/policies/policy/consumer_partnerships/whisleblower_protection_system/pr/）。

第3章

改正法時代の
通報対応実務マニュアル

1 内部通報制度にとどまらない 「内部通報システム」の構築

コンプライアンス経営が求められる企業の経営トップや幹部として、「内部通報を促して、できる限り早期に法令等違反行為の存在を把握して、自ら調査を行って是正措置や再発防止策を講じる」ことが重要であることは、今さら指摘するまでもないであろう。

そのためには、どうすればよいのか。

まず、その答えとして挙げることができるのは、通報窓口を設置して、当該窓口への通報を可能とするという内部通報制度を導入することである。その上で、当該窓口への通報を促すとともに、通報された事案について適切に対応するために、内部通報制度の整備・運用を充実させることが重要である。この点、令和2年改正は、明らかにそのような流れを加速させる内容となっている。

しかしながら、内部通報制度の整備・運用を充実させれば足りるのかというと、決してそうではない。

そもそも企業における「内部通報」とは、当該企業に対して通報することを指すが、誰に対して通報すると当該企業に対して通報したことになるのかというと、それは内部通報制度における通報窓口のみではない。経営トップに対する通報はもちろん、他の取締役の職務執行を監視監督する役割を担う取締役や取締役の業務を監査する役割を担う監査役に対する通報も、当然に当該企業に対して通報したことになるし、職制上のレポーティングラインに当たる管理職や上司に対する通報についても、管理職や上司が企業から一定の権限を与えられて、決裁を行ったり従業員の指揮監督を行ったりする立場にある以上、当該企業に対して通報したことになると考えられている。この点、令和2年改正を受けて定められた指針及び指針解

説も、職制上のレポーティングラインにおける通報が「内部通報」に該当することを前提としており、職制上のレポーティングラインの強化も視野に入れた内容となっている（第2章10参照）。

　また、内部通報制度の通報窓口は、業務執行ラインのみに設置すれば足りるのかというと、企業の経営トップその他幹部による法令等違反行為を牽制し、仮に生じた場合の適切な対応を可能とするためにも、コーポレートガバナンス・コードにもあるとおり、経営陣から独立した通報窓口を設置することも重要である。この点、令和2年改正を受けて定められた指針及び指針解説も、経営トップその他幹部からの独立性の確保を含む内容となっている（第2章6参照）。

　すなわち、企業の経営トップその他幹部としては、「内部通報を促して、できる限り早期に法令等違反行為の存在を把握して、自ら調査を行って是正措置や再発防止策を講じる」ために、改正法を踏まえ、内部通報制度の整備・運用を強化し、ガバナンスラインを設置するだけではなく、職制上のレポーティングラインの機能も強化して、「内部通報システム」全体の

図表　内部通報システム全体の構築に向けて

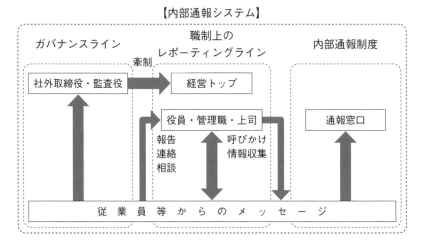

構築に努めなければならないのである。

　2以下については、単なる内部通報制度の問題にとどまらず、「内部通報システム」全体を構築するという観点から解説している箇所もあるので、「内部通報システム」全体を意識して読み進めていただければ幸いである。

---

2 ｜ 通報窓口での受付対応実務

　企業の通報窓口は、一般的に、通報者からの通報を直接的に受け付ける業務と、企業が設置する社外窓口を経由して通報を間接的に受け付ける業務を担っている。

　いずれの業務においても、通報窓口の担当者としては、通報者からの通報内容について、多少の時間をかけてでも、正確に理解し、問題点を把握することが重要になる。なぜなら、第一の情報源である通報者からの通報内容を正確に把握できなければ、その後に予定される調査をスムーズに行うことができず、結果的に、通報者からの信頼を失いかねないし、他方で、通報者からの通報内容について正確に理解することにより、通報者からの信頼を得ることができる場合もあるからである。

　以下では、企業の通報窓口が、通報者からの通報を直接的に受け付ける業務と、社外窓口を経由して通報を間接的に受け付ける業務について、実務的に問題になり得る論点について解説を行うこととする。なお、企業の通報窓口の担当者及びその上長は、通常、包括的に従事者として指定されていると考えられるので[1]、ここでは、それらの者の従事者指定の論点につ

1　第2章2(2)イ参照。

いて解説を行わない。

(1)　いずれの受付業務にも共通する論点

　以下のQ&Aは、企業の通報窓口が通報者からの通報を直接的に受け付ける場合を想定した内容としているが、社外窓口を経由して通報を間接的に受け付ける場合にも当てはまるものもあるので、その前提で読み進めていただきたい。

Q1
メールや郵送により通報を受け付けた場合、その初動はどのようにすればよいか

A　通報者への連絡が可能であれば、まず、通報を受け付けた旨を連絡すべきであり、また、対応方針の決定後に、通報内容について調査を行う旨（又は正当な理由により調査を行わない旨）を通知すべきである。

……… 解　説 ………………………………………………………………

　メールや郵送は、通報者側において通報内容を送付する一方的手段であるため、その内容を受け取ってくれたのか、その内容を確認してくれたのかは、通報窓口側から連絡がなければ通報者には分からない。通報には相応の覚悟を必要とするのが一般的であり、通報者の中には、企業側が対応しないならば、内部告発を行うことまで覚悟しているケースもある。そのため、通報窓口の担当者は、通報者の心理的不安を少しでも取り除くため、メールや郵送により通報を受け付けた場合、まず、通報を受け付けた旨を連絡すべきである。なお、この程度の連絡は、通報窓口の担当者として、その上司に報告した上で対応方針を相談するよりも前に行うことができるものである。

　また、法3条3号ホは、3号通報（外部通報）の保護要件の1つとして「書面により第1号に定める公益通報をした日から20日を経過しても、当

該通報対象事実について、当該役務提供先等から調査を行う旨の通知がない場合又は当該役務提供先等が正当な理由がなくて調査を行わない場合」と定めているため、通報を受け付けた後20日を経過しても、通報を受け付けた旨のみの連絡にとどまった場合には、当該保護要件を満たしかねない。そのため、通報窓口の担当者は、上司への報告後、対応方針を相談した上で、通報者に対して通報内容について調査を行う旨（又は正当な理由により調査を行わない旨）を通知すべきである。

なお、通報者が匿名であり、連絡先すら分からない場合については、後述するＱ３の解説をご参照いただきたい。

Ｑ２　通報内容について通報者に詳細を確認したい場合、どのようにすればよいか

Ａ　直接面談又は電話によるヒアリングに同意が得られるように努め、メールでのやり取りにならざるを得ない場合は、最初は重要性の高い確認事項に絞って質問しつつ、追加の質問をさせていただく場合がある旨も説明した上で、追加で質問できる関係を構築していくことが考えられる。

……… 解　説 ………………………………………………………………………

通報内容は、一般的に十分な整理がなされたものではないし、整理されたものであっても詳細を確認したい場合もあるので、通報窓口の担当者は、通報内容について通報者にその詳細を確認しなければならない場合が多い。その際、通報者から面談（対面のみならずウェブ面談を含む。以下同じ）又は電話によるヒアリングに同意が得られれば、そのような方法によることがスムーズな場合が多いが、メールでのやり取りを求められる場合もある。ただ、メールにより詳細を確認する場合は、通報者の反応が分か

らないため、いきなり詳細な質問を数多くメールに記載すると、通報者が
その後の協力を躊躇してしまう可能性がある。他方で、メールにより何度
も何度も確認することになると、通報者が不信感を抱いてしまう可能性も
ある。そのため、できる限り直接面談又は電話によるヒアリングに同意が
得られるように努め、メールでのやり取りにならざるを得ない場合は、最
初は重要性の高い確認事項に絞って質問しつつ、追加の質問をさせていた
だく場合がある旨も説明した上で、追加で質問できる関係を構築していく
ことが一般的に考えられる。なお、直接面談又は電話によるヒアリングに
ついて、通報窓口の担当者では同意を得られないが、外部専門家であれば
同意を得られる場合もあるので、通報内容の重要性に応じて、外部専門家
の関与を検討することも考えられる。

Q 3　通報者が匿名の場合、どのようにすればよいか

A　連絡先が分かる場合は、通報者からの詳細確認を行うべきであり、
他方で、連絡先すら分からない場合は、原則として、通報者からの詳
細確認を行わないまま、調査に進むことにならざるを得ない。

………　解　説　………………………………………………………………………

　通報者が匿名であっても、その連絡先が分かる場合（フリーのメールア
ドレスからの通報の場合など）と、その連絡先すら分からない場合（差出人
不明の郵送による通報で、連絡先の記載がない場合など）がある。

　通報者の連絡先が分かる場合は、通報内容について詳細確認を行う必要
がある事案であれば、Ｑ２の解説で述べたとおり、通報者からの詳細確認
を行うべきである。もっとも、通報者が匿名を希望している以上、通報窓
口の担当者による面談又は電話でのヒアリングに同意が得られる可能性は
ないといっても過言ではなく、基本的にメールでのやり取りにならざるを

得ないと思われるが、通報内容の重要性に応じて、弁護士等の外部専門家のみによるヒアリングを行うこととし、面談又は電話でのヒアリングについて通報者の同意を得ることも考えられる。

　他方、通報者の連絡先すら分からない場合は、通報内容について詳細確認を行う必要がある事案であったとしても、それを実現することができない。そのため、明らかに調査不要と判断できる事案や、明らかに調査不可能と判断せざるを得ない事案を除いて、通報者からの詳細確認を行わないまま、調査担当者による通報内容の調査に進むことにならざるを得ない。

Q 4 　調査担当者への情報共有に関する通報者の同意は、どのように取得すればよいか

Ⓐ　通報窓口の担当者が通報事案の調査を行う場合もあるかもしれないが、通報窓口の担当者とは別の役職員等が調査を行う場合も多い。その場合、通報事案の調査を行うためには、通報者から得た情報を調査担当者と共有することについてあらかじめ通報者の同意を得ることが原則として必要になると考えるべきである。

········· 解　説 ··

　以下では、どのように通報者の同意を取得すればよいか、まず、実名通報の場合と匿名通報の場合に分けて解説し、その後、両者共通の留意点について解説することとしたい。

① 　**実名通報の場合**

　実名通報だからといって、通報窓口の担当者を信頼しているだけであり、その後の調査担当者にまで通報者の実名を含む情報が共有されることをあらかじめ同意した上で通報しているとは限らないことに留意する必要

がある。そのため、実名通報の場合、結果的には通報者の同意を得られることが多いとは思われるものの、そうであるとしても、通報者から得た情報を調査担当者と共有することについてあらかじめ通報者の同意を得るべきである。

② 匿名通報の場合

匿名通報の場合、通報窓口の担当者にすら通報者の実名を明らかにしていないのだから、通報者が情報共有の範囲に慎重な姿勢であることは容易に理解できる。そのため、匿名通報の場合、通報者の同意を得ることに難航することもあるとは思われるが、通報事案の調査を行うためにも、調査の必要性、情報共有範囲及び調査方法等を説明した上で、通報者から得た情報を調査担当者と共有することについてあらかじめ通報者の同意を得ることに努めるべきである。

③ 両者共通の留意点

まず、情報共有範囲（共有する役職員の範囲のみならず、共有する情報の範囲を含む[2]。以下同じ）が広ければ広いほど、通報者の同意を得ることが難しくなるので、通報者に対して必要性を十分に説明できる範囲に情報共有範囲を絞った上で同意を取得し、さらに情報共有範囲を広げる必要が生じた段階で、改めて通報者の同意を得ることが考えられる。

また、後日、通報者の同意を得たかどうかが争いにならないようにするため、通報者とやり取りするメール等に通報者の同意を得たことを確認できる証跡を残したり、通報者の同意が得られた電話等のやり取りを録音したりすることが考えられる。

さらに、このような通報者の同意を得やすいようにするため、通報を理由とする不利益取扱いが禁止されていることや、調査に当たってその旨の

2　特に、通報者を特定させる事項まで情報共有する必要があるかどうかは、慎重に判断すべきである。なお、通報者を特定させる事項がどのような情報を意味するのかについては、第2章8⑴参照。

注意喚起を行うことに加えて、あらかじめ内部規程等に情報共有範囲をある程度具体的に定めておき、その内容を説明することも考えられる。

なお、通報者の同意を得ることができない限り、調査を行ってはならないのかというと、そうではない。通報内容が重大なものであればあるほど、通報者の同意を得ることができなくても調査を行わざるを得ない事案はあると考えられる。もっとも、かかる判断は非常に悩ましく、通報者との対立関係が生まれてしまう可能性もあるので、できる限り通報者から得た情報を調査担当者と共有することについてあらかじめ通報者の同意を得るべきである[3]。

Q5 調査後の是正措置に関与する役職員への情報共有に関する通報者の同意は、どのように取得すればよいか

A 調査開始後、是正措置を検討しなければならない事案であると確認された段階で、調査後の是正措置を検討する役職員への情報共有について、かかる措置を検討する必要性及び情報共有範囲等を説明した上で、あらかじめ通報者の同意を得ることに努めるべきである。

········· 解　説 ···

Q4の解説で述べたとおり、情報共有範囲が広ければ広いほど、通報者の同意を得ることが難しくなるので、調査開始前から、調査後の是正措置に関与する可能性のある役職員への情報共有に関してまで、通報者の同意を得ようとするのは避けた方がよいと考えられる。そうでないと、肝心の調査担当者への情報共有についても通報者の同意が得られない事態となり

3　特にハラスメント事案では、被害者（通報者と重なることも多い。）のプライバシーや二次被害に配慮・留意が必要なことも多く、慎重な対応が必要となることが多い（本章5(1)Q47参照）。

かねない。そのため、調査開始後、是正措置を検討しなければならない事案であると確認された段階で、調査後の是正措置を検討する役職員への情報共有について、かかる措置を検討する必要性及び情報共有範囲等を説明した上で、あらかじめ通報者の同意を得ることに努めるべきである。

なお、是正措置の検討に当たり通報者を特定させる事項まで情報共有する必要があるかどうかは、慎重に判断すべきであり、是正措置を検討する役職員との関係では、調査担当者と異なり、通報者を特定させる事項まで情報共有する必要性が認められないことも多いと考えられる。

Q 6 通報窓口の担当者が調査担当者に対して通報内容の情報共有を行う場合の留意点として、どのようなものがあるか

A 例えば、情報共有の同意を得ているか、従事者指定されているか、誓約書の差入れを受けているかという留意点が考えられる。

········· 解 説 ·········

Q4の解説で述べたとおり、まず、調査担当者への情報共有について通報者の同意を得ているかどうかを確認する必要があるし、例えば、通報者を特定させる事項の情報共有については同意を得ていないが、それ以外の情報共有については同意を得ている状況であるのか、また、ある部門への情報共有については同意を得ているが、それ以外の部門への情報共有については同意を得ていない状況であるのかといった、同意を得た情報共有の範囲について確認することが考えられる。

次に、情報共有しようとしている通報事案に関して[4]、調査担当者が従事

---

4 従事者指定の要否について、法2条3項に定める「通報対象事実」に該当するか否かを厳密に検討する企業においては、これに該当しない通報事案の共有に当たり、調査担当者が従事者指定を受ける必要はないこととなる。

者指定を受けているかどうかを確認することが考えられる。

　さらに、会社が情報共有に当たり調査担当者から誓約書等を差し入れて
もらう運用を行っている場合には[5]、当該誓約書等の差入れを受けているか
どうかを確認することが考えられる。

⑵　社外窓口を経由した受付業務に固有の論点

　社外窓口は、法律事務所や民間の専門機関に設置されることがある。そ
のうち、法律事務所の場合は、弁護士が通報者とやり取りを行った上で、
通報内容を正確に理解し、問題点を把握した上で、通報窓口の担当者に情
報共有されることを期待することができる。そのため、企業の通報窓口の
担当者としては、法律事務所から共有された内容に不明点がなければ、共
有された情報をもとに調査を進めることになる。

　これに対して、民間の専門機関の場合は、弁護士と異なり自らの判断に
より独自に通報者とのやり取りを行うことは一般的でないため、基本的
に、通報者の氏名や連絡先を除き、通報者からの通報内容がそのまま共有
されることになる。以下では、このような民間の専門機関が通報者との間
に介在するために実務的に問題になり得る固有の論点について解説を行う
こととする。

Q 7　　民間の専門機関を通じず、通報者と直接やり取りを行いたい
場合、どのようにすればよいか

A　　原則として、まずは民間の専門機関を介在させて通報内容の詳細確
認等を行うこととし、拙速な対応にならないよう留意すべきである。

5　調査担当者からの誓約書については、第2章2⑷参照。

それでも通報者と直接やり取りをしたい場合には、通報者からの同意を得られやすい方法を検討すべきである。

········ 解 説 ···

　通報者が内部窓口ではなく社外窓口を利用したということは、通報窓口の担当者との間で直接やり取りを行いたくないと通報者が考えていた可能性が高いと考えるべきである。そのため、通報内容の詳細確認等を行うため、通報者と直接やり取りを行いたいと考えたとしても、直ちに通報者の同意を得ることができるとは限らないため、原則として、まずは民間の専門機関を介在させて通報内容の詳細確認等を行うこととし、拙速な対応にならないよう留意すべきである。もっとも、民間の専門機関を介在させたやり取りになると、どうしても一定の時間を要するところ、通報内容の重大性次第では、少しでも早く通報内容の詳細確認等を行いたいという場合もあり得る。そのような場合は、通報者から同意を得られやすい方法、例えば、通報内容の詳細確認等について弁護士等の外部専門家に委任し、外部専門家のみが通報者との間で直接やり取りを行い、外部専門家から通報窓口の担当者への情報共有範囲は通報者からあらかじめ同意を得た範囲とするなどの方法により、少しでも速やかに通報内容の詳細確認等を行うことも考えられる。

Q 8　民間の専門機関を通じ通報内容について通報者から詳細を確認する場合、どのようにすればよいか

Ⓐ　会社側として通報内容について確認したい事項を整理した書面を作成し、その書面を民間の専門機関を介して通報者に対して送ってもらい、通報者からの回答を得てもらうというやり取りを何度か行うことが考えられる。

　前述（本節(2)冒頭）したとおり、民間の専門機関の場合は、弁護士と異なり自らの判断により独自に通報者とのやり取りを行うことは一般的でないため、通報内容の詳細確認等に当たっても、基本的に会社からの質問事項をそのまま通報者に対して伝える役割を担うことが一般的である。その場合には、会社側として通報内容について確認したい事項を整理した書面を作成し、その書面を民間の専門機関を介して通報者に対して送ってもらい、通報者からの回答を得てもらうというやり取りを何度か行うことにならざるを得ない。この点、1回のやり取りだけで済ませるのが難しいことについては、Q2の解説で述べたことと同様であり、かかるやり取りの留意点についても、Q2の解説をご参照いただきたい。

Q9 　民間の専門機関を通じて通報者とやり取りを行う場合、通報者を特定させる事項について、どのような留意点が生じるか

A 　民間の専門機関から共有される通報内容には、通報者を特定させる事項が含まれている可能性があると考えて、企業側が民間の専門機関から共有を受けた通報内容に通報者を特定させる事項が含まれていないかどうかを確認し、これが含まれている場合には必要な配慮を検討することが考えられる。

········· 解　説 ·················

　前述（本節(2)冒頭）したとおり、民間の専門機関の場合は、弁護士と異なり自らの判断により独自に通報者とのやり取りを行うことは一般的でないため、基本的に、通報者の氏名や連絡先を除き、通報者からの通報内容がそのまま共有されることになる。この通報者の氏名や連絡先が除外された通報内容は、通報者を特定させる事項を一切含んでいないといえるのか

というと、決してそうではない。なぜなら、通報者の氏名や連絡先が通報者を特定させる事項に該当することは明らかであるが、それ以外の情報のみから通報者を特定することができないとは言い切れないからである。例えば、Ａ部門のＢという女性が受けた被害を民間の専門機関による社外窓口に対して通報してきたとして、民間の専門機関から会社側への情報共有に当たり、Ｂの名前と連絡先を除外したとしても、Ａ部門の女性が１名だけであり、被害を受けたのが女性であるという情報が含まれていれば、通報者を特定させる事項を含むことになる。このような次元の情報まで共有しないようにすることは、民間の専門機関が通報者の氏名や連絡先を除いた通報内容をそのまま共有する限り不可能であって（民間の専門機関にとってＡ部門の女性がＢのみであることを把握できていないことが通常であろう）、その後の調査に当たり通報者を特定させる事項を調査担当者に対して共有しないようにしたいならば、企業側が民間の専門機関から共有を受けた通報内容に通報者を特定させる事項が含まれていないかどうかを確認し、これが含まれている場合には必要な配慮を検討することが考えられる。

3 ｜ 通報案件の調査対応実務

本項では、通報窓口への通報案件について、調査を進める場合の具体的な対応の実務的ポイント・論点について整理する。

(1) 調査対応の基本的な流れ

Q 10
通報案件の調査対応の基本的な流れはどのようなものか

A 調査対応は、通常、①通報者からの確認をもとにした調査方針の立案、②客観資料の確認、③ヒアリング、④事実認定、という形で進めるのが一般的である。

········· 解 説 ··

通報窓口において通報を受け付けた後、必要な調査を行うことになる。調査は、法令等違法行為が発生した原因を分析し、法令等違反行為を是正し、必要な処分の要否を検討するなどの再発防止等の措置（以下、是正・再発防止等の措置を「是正措置」という）をとるための前提となる。

調査の進め方の基本的な流れは以下のとおりとなる。

・まずは通報者とのやり取りを通じて情報収集をしながら、調査方針を立てるところから始まる。

・客観資料を先に確認し、その後ヒアリングをするのが通常の流れである。

・被通報者（加害者等）にヒアリングするより先に、目撃者などの関係者にヒアリングするのが通常の流れである。

・調査を尽くした上で、対象事実が認定できるかを判断する。

以下それぞれについて概説する。

(2) 調査方針の立案

通報者から案件を受け付けた後の調査対応の第一歩は、調査方針を立てることである。なお、調査方針は、通常、通報の受付（第3章2「通報窓口での受付対応実務」参照）と、通報者からの確認を行いながら、並行して立案していくことになる。

調査方針立案の基本は、調査主体、調査対象事実、具体的な調査計画の3点に整理することができる。

ア　調査主体を誰とするか

Q 11　調査は誰が行うべきか

A　通報窓口がどの部門や社外に設置されているかにもよるが、通報受付部門が直接行う場合、通報受付部門ではなく関連事業部門でもない部門（例えば、法務部門、コンプライアンス部門、内部監査部門等）が行う場合、関連事業部門の管理職等が行う場合、弁護士等の外部専門家が行う場合など、様々な形がある。

········ 解　説 ···

　まず調査主体については、通報窓口がどの部門や社外に設置されているかにもよるが、様々な形がある。

　例えば、通報窓口が法務部門やコンプライアンス部門に設置されている場合などにおいて、これらの部門が直接調査を行う場合もあれば、通報受付部門ではなく事業部門でもない部門（例えば、法務部門、コンプライアンス部門、内部監査部門等）が、通報受付部門と適宜連携しながら調査を行う場合もある。また、これらの部門は基本的には調査を担当せず、当該通報に関連する事業部門の管理職等が、通報受付部門や法務部門・コンプライアンス部門と適宜連携しながら調査を行う場合もある。さらに、財務諸表に影響があり得る事案や犯罪行為等の重大な事案などでは、弁護士等の外部専門家を起用して調査を行う場合も考えられる。

　当該案件において調査主体をどのように設定するかは、イの調査対象事実の設定やウの具体的な調査計画の内容、そして通報者の意向、特に通報者に対する通報を理由とする不利益取扱いのおそれの有無などを考慮して、具体的にどのような調査体制とするかをケースバイケースで決めることになる。通報案件数と調査に対応できる人的リソースによって、法務部門・コンプライアンス部門等と関連事業部門との役割分担が変わってくる

ことも考えられる。

イ 調査対象事実をどう設定するか

Q 12 調査は、通報者の指摘する事実の有無について行えばよいのか

A 調査を行うに当たっては、通報者の指摘する内容を確認することも重要ではあるが、それだけでなく、「何を調査対象事実とするのか」を明確に意識して設定することが重要である。

.... 解 説 ....

調査を行うに当たっては、漫然と通報者の指摘する内容を確認するのではなく、「何を調査対象事実とするのか」を明確に意識して設定することが重要である。

すなわち、①通報者の指摘する内容に基づくと、どのような法令等違反行為があり得るかを幅広く想定した上で、②具体的にどのような事実があればその法令等違反行為が認定されるか、を整理した上で、③②の具体的事実の有無を調査対象事実とする、という流れを踏むことが一般的である。

例えば、通報者Aが、被通報者Bからパワーハラスメントを受けているという内容の通報をしてきた場合を例に、①～③のプロセスを整理してみると、以下のとおりとなる。

【調査対象事実に関する検討内容（例）】

① 通報者の指摘する内容に基づき、あり得る法令等違反行為を幅広く想定
・パワーハラスメントということは、被通報者Bには、暴力やノイローゼにまで追い込むような口頭での攻撃等があれば暴行罪や傷

害罪、暴言や侮辱があれば名誉毀損罪や侮辱罪等の犯罪行為の成立の可能性があること。

・パワーハラスメントとなれば不法行為として、被通報者Bが、懲戒処分の対象となったり、不法行為として民事上の損害賠償責任を負ったりする可能性があること。

・同じく、会社には、被通報者Bの雇用主等としての使用者責任としての民事上の損害賠償責任や、会社としての安全配慮義務を尽くしていなかったこと等による民事上の損害賠償責任が発生する可能性もあること。

② 具体的にどのような事実があればその法令等違反行為が認定されるかを逆算整理

・パワーハラスメントであれば、「優越的な関係」を背景とした「業務上必要かつ相当な範囲を超えた言動」により「労働者の就業環境が害されること」が要件となる。

・暴行罪であれば、「不法な有形力の行使」の事実が犯罪の構成要件（成立要件）となる。

③ ②の具体的事実の有無を調査対象事実とする

・パワーハラスメントにおける「必要かつ相当な範囲を超えた言動」であれば、当該言動の目的、当該言動が行われた経緯や状況（通報者Aの問題行動の有無、内容、程度等）、業種・業態、業務の内容・性質、当該言動の態様・頻度・継続性、Aの属性や心身の状況、被通報者Bとの関係性等に照らした総合考慮によって判断されるので、どのようなことを確認すればよいかを具体的な調査

対象事実としてピックアップする（例：営業として、顧客からのスケジュールの厳しい要請にもある程度対応する姿勢が求められるか、業務繁忙期か、Ａに何か指導・注意を受けるような問題行為があったか、その頻度、Ｂの注意態様、具体的な態度・言い方、頻度等）。

・暴行罪であれば、通報者の通報内容に照らし、被通報者Ｂから通報者Ａに何らかの直接的な有形力の行使（殴る、蹴るなど）の事実があったか、間接的な有形力の行使（顔のそばにペンを投げる、資料を大きな音で机に叩きつけるなど）の事実があったか、などを具体的な調査対象事実としてイメージする。

・ここまで具体的に落とし込むと、例えば、「〇月〇日の会議後の出来事」「〇月〇日の会食における会話の内容」などを漫然と確認するのではなく、その際に、上記のような具体的内容を確認することができる。

ウ　具体的な調査計画をどう設定するか

Q 13　具体的な調査計画を立てる際には、どのような点に留意すればよいのか

A　基本的な考え方として、①まずは客観証拠を確認する、②周辺事実を確認した上で核心部分へ進む、③通報者を第一の情報源と意識する、などがある。

……… 解　説 …………………………………………………………………………………

そして、具体的な調査計画をどう設定するかという観点では、まずは以下のような項目を基本として考えることになる。

① 客観から主観へ

客観とは客観的証拠、すなわち、文書、録音、メール、LINE、入退室記録、経理帳票などの証拠である。

これに対し、主観とは主観的証拠、すなわち通報者、目撃者等の関係者、被通報者等の供述・証言などである。

いうまでもなく人の供述・証言・記憶はあいまいかつ不確実なもので、不正確なことも少なくなく、また、色々なものに影響され、変化する可能性もある。したがって、調査の基本は、「まずは確実な客観的証拠はないか」を確認することとなる。

なお、このことは、主観的証拠、すなわち人の供述・証言・記憶に意味がない、ということを意味するものでは全くない。例えば、せっかくの客観的証拠があっても、それを誰がいつ何のために作ったのかという説明の供述がないと、証拠の意味が不明確となってしまう場合も考えられるし、客観的証拠が存在しない争点については、主観的証拠によって判断・認定をしていくこともあり得る。

また、通常は、客観的証拠を十分確認した上で、ヒアリングにより主観的証拠を確認していく進め方をすることが多いものの、例外的に、例えば、色々な情報を持っているのが通報者以外に（も）存在する場合で、まずはその関係者をヒアリングした上で、調査計画を立てる必要があると判断するケースなどは、客観的証拠より先にヒアリングにより主観的証拠を確認することも考えられる。

② 周辺から核心へ

また、一般的に、調査は、周辺部分から核心部分へと迫っていく形で行うのが鉄則である。

例えば、ハラスメントをしたという通報を受けた被通報者が存在する場合、被通報者をヒアリングするより前に、まずは目撃者がいないかなど、周辺から可能な確認をした上で、核心である被通報者にヒアリングをする

のが基本的な考え方となる。

　ただ、これについても例外的に、例えば、被通報者が証拠を隠滅したり、さらなる被害が生じたりする可能性がある場合で、まず被通報者にヒアリングを先行して行う必要があると判断するケースなど、目撃者等の関係者より先に被通報者にヒアリングを行うこともあり得る。

③　通報者からの確認が第一歩

　調査のスタートは、ほぼ全ての案件で、通報者自身からの詳細な確認作業、となる。これについては、次項(3)で解説する。

(3)　調査協力義務

Q 14　調査は強制力をもって行うことができるのか

A　捜査機関のような強制力をもって行う調査とは異なるが、企業の有する管理権の一内容として役職員に対する調査への協力を要求することが可能である。

………　解　説　………

　通報案件に限らず、社内での調査は、逮捕、勾留等、警察等による強制力を伴う捜査手続とは異なり、あくまでも任意での手続である。ただし、任意とは、対象者の意思に反して、例えば資料の提出を強制したりすることができないことを意味するのみであり、企業は、従業員との間では雇用契約に基づき、役員との間では委任契約に基づき、企業としての事業遂行上の一定の必要性と合理性がある場合には、役職員に対し、企業が行う調査に協力するよう要求する権限を有する。企業によっては、就業規則等の社内規程等において、かかる調査協力義務を明定していることもあるが、そのような定めがない場合でも、上記の要求は可能と考えられている。

　ただし、例えば被通報者に対し、個人の銀行口座の明細の提出を求めた

り、その意思に反し長時間拘束してヒアリングを行ったりすると、上記の任意調査としての企業の権限を逸脱するものと考えられるので、留意が必要である。また、個人のメールアドレス（Gmail等）、個人携帯、個人のLINEアカウントでのやり取りなどは、たとえ業務関係の内容が含まれている可能性があるとしても、本人の同意なく無断で又は強制的にこれらを確認したり、あるいは同意を強制したりすることはプライバシー等に対する侵害と考えられるため、注意が必要である（Q28参照）。

(4) 通報者からの確認

Q 15 調査の開始段階における通報者からの確認で留意すべき点は何か

A 通報者自身が調査対象事実について詳細な情報を持っていることが少なくないので、まずは通報者から可能な範囲で詳細を確認することが何よりも重要である。その際、通報者が調査の進め方や処分について一定の意向を示すことがあるが、それは参考情報として確認しつつ、意向どおりになるわけではないことは明確に説明しておく必要がある。

········· 解　説 ···

調査の第一歩は、ほぼ全ての案件で、通報者自身への詳細の確認となる。通報者は、通常は、当該事案について一定の知識や理解、証拠を持っていることが少なくなく、また、調査の進め方等について一定の考え・アイディア・希望等を有していることが多いためである。この際、通報者からの確認を行う担当者としては、まずは「傾聴」の姿勢が重要となる。

なお、通報者自身は詳細を知らず、むしろ当事者が別に存在するというケースもある。例えば、パワーハラスメントの被害に遭っている同僚を見

て、許せないと感じた同僚が通報をしてくるようなケースである。このような場合、当該通報者が分かる範囲の事実を確認しつつ、被害に遭っている本人から通報してくるよう、当該通報者から伝えてもらう、あるいは、直接被害に遭っている本人に連絡して確認することは構わないかを通報者に確認した上で、当該本人からヒアリングを行う、といった対応が基本となる。

ところで、通報者からは、調査等の対応や進め方、処分等について、一定の意向が示される場合も少なくない。意向を確認すること自体に特に問題はなく、むしろ参考情報としては積極的に確認した方がよいと考えられる。一方で、企業の対応としては、必ずしも通報者の意向どおりには調査等を進められないことも当然あるため、当然に意向どおりになるという訳ではなく、あくまでも参考情報として確認していることは、明確に説明しておくことが必要となる。

(5) 客観資料の収集・確認

Q 16 客観資料の収集・確認は、どのように行うのか

A 客観資料は、通報者自身への確認や、関連部門・子会社等における管理職・管理部門などを通じ収集・確認を行う。また、関係者へのヒアリングでも関連資料を収集していくことになる。

……… 解 説 ……………………………………………………………………

調査における重要な証拠の確認となる客観資料の収集・確認は、ケースバイケースで様々な内容となり、事案に関係のあるあらゆる客観資料の収集・確認を試みることになる。

収集に当たっては、まずは通報者自身が保有する資料を確認の上、ほかにどのような方法で資料収集が可能かを確認することになる。そして、想

定された調査対象事実（Q12参照）に関連して、必要・有益と考えられる客観資料について、どのようにすれば入手が可能かを検討することが考えられる。当該事案の関連部門・子会社やその関連部門等における管理職・管理部門などでそれらの入手が可能な人物を通じて入手することが考えられ、また、通報者以外に、当該事案について詳しく、客観資料の収集について協力してくれる可能性がある人物がいる場合には、そのような人物にヒアリングを行った上で当該資料を入手することもある。

　いずれの場合も、通報者に対して通報を理由とする不利益取扱いを行うリスクがある人物（被通報者のみならず、通報者の上司等を含む場合もある）については、これらの協力要請を行うことは慎重にすべきであり、通常はこれを避けることが考えられる。また、通報者が誰であるか、また可能であれば通報があった事実自体を伝達せずに客観資料を収集することが可能であればそのように対応することもある。一方で、通報案件であることを伝えた方が、客観資料の収集を慎重に行うことが可能となり、むしろ通報者保護に資する場合もあるため、この点もケースバイケースでの検討を必要とする。

　多くの事案で該当する客観資料としては、例えば以下のようなものが考えられる。

【客観資料の一例】

客観資料	確認・把握する内容等
組織図・社員名簿	当該部署・部門等の構造
登場人物の人事記録	入手できる場合は確認
通報者作成の時系列・経緯資料	事案の全体像
診断書	ハラスメント被害実態の1つ
入退室、出社・退社記録	勤務実態
電子メール、チャット、LINE	ハラスメントに該当するやり取り 各種連絡内容

	やり取りや連絡における関係者の主観面や認識内容
スケジュールデータ（手帳、電子データ）	いつ誰と誰が面談したか、会食をしたか　等
録音	パワーハラスメントに該当する暴言　等
各種文書・契約書・データ等（ドラフトも）	それぞれの事案における関連文書　等

(6) ヒアリング

　調査において客観資料の収集・確認と同様に重要な位置付けにあるのがヒアリングである。

　以下ではヒアリングにおける基本や留意点を解説する。

ア　ヒアリングの基本型

Q 17　ヒアリングを行う際の基本型についてはどのように考えておけばよいか

A　調査側2名で、時間は2時間程度までとすることが一般的であり、場所は、社内・社外いずれで行う場合もある。

········· 解　説 ···

　ヒアリングを行う場合は、調査側の人数は2名を基本とするのが一般的である。1名が質問をしている間、もう1名がメモをとったり、関連質問を考えたりすることができるためである。なお、事案によっては調査側の人数が大勢となる場合も考えられるが（特に重要事案においてそのような傾向がある）、あまりに調査側の人数が多くなると、圧迫的なヒアリングを受けた等と指摘されるリスクも考えられるため、留意が必要である。

ヒアリング時間は、例えば、短いもので30分程度、長いものでは半日を超えることも考えられる。ただし、あまりに長時間のヒアリングは、調査側の意向に沿った供述をするまで解放してもらえなかった等と指摘されるリスクも考えられることに加え、調査側の集中力・準備の問題もあるので、複数回に分け、1回を2時間程度にすることが一般的である。

　ヒアリングの場所については、例えば社内では秘密にしてヒアリングを行わなければならない場合には、在宅勤務の日に社外の会議室で行うなどの配慮が必要なこともある。

イ　ヒアリングの設定方法

Q 18　ヒアリングを設定する際の連絡において留意すべき点はあるか

A　通報事案の調査であることを秘匿して調査を行う場合には、ヒアリング設定の連絡において、通報事案の調査であることを伝えずに、自然な説明となるように留意する必要がある。

········· 解　説 ···

　関係者・被通報者に対するヒアリングを設定する際、通報があったことを伝えるか、という論点がある。この点、通報者名まで伝えるケースは通常では考えられないが、通報があったことを伝えるか否かについては、ケースバイケースの判断となる。

　まず、ヒアリング時も含め、通報事案であること自体を秘匿して調査を行う場合は、ヒアリング設定の連絡に際しても、「少し打合せをしたい」や「少し確認したいことがある」など、自然な説明をする必要がある。

　一方、ヒアリング時に通報事案であることを伝える場合には、ヒアリングの設定連絡時から通報事案のヒアリングであることを伝える場合もあ

る。この点、特に用件を伝えずともヒアリングに応じてもらえる状況であれば、ヒアリングの設定の連絡に際しては、「少し打合せをしたい」や「少し確認したいことがある」など自然な説明をした上で、ヒアリング内で、秘密保持義務や、不利益取扱い・探索の禁止等を説明することが望ましい。これに対して、そのような設定の連絡ではヒアリングに応じてもらえない、あるいは、かえって詮索がされて、通報者に不利益が及ぶおそれもある、ということも考えられる状況であれば、ヒアリングの設定の連絡時に、通報事案であるという説明とともに、秘密保持義務や、不利益取扱い・探索の禁止等を説明することが考えられる。

ウ 質問の仕方

Q 19 ヒアリングで質問を行う際の具体的な方法はどのようにすればよいか

A ヒアリングにおける質問で最も重要なのは事前準備であり、当該ヒアリングで何を「獲得目標」とするのかを意識して質問を準備することになる。

質問には、「オープン・クエスチョン」と「クローズド・クエスチョン」の2種類があり、これらをうまく組み合わせて質問を準備する。質問の基本は、時系列に沿って事実を確認していく方法である。

……… 解 説 ………………………………………………………………………

ヒアリングにおける具体的な質問の仕方のポイントは、以下のように整理することができる。

① 事前準備

ヒアリングにおいてまず重要なのは、徹底した事前準備である。「ヒアリングの成否の7割は事前準備次第」といっても過言ではないであろう。

事前準備の際には、必ずそのヒアリングでの「獲得目標」を意識する必要がある。例えば、大きくは、参考情報を引き出すための収集型ヒアリングなのか、争いのある事実関係について、被通報者の行為があったのか否かを確認するための追及型ヒアリングなのか、といった視点を持ち、さらにより細かくは、具体的に設定した調査対象事実（Q12参照）のいずれについて、どこが認められ、どこが認められないのかを意識して、質問事項を考えることになる。

　なお、追及型ヒアリングにおいては、「自白が全てではない」ということを意識しておく必要がある。すなわち、争点となっている事実を認める供述（自白）がなされなくとも、客観証拠と矛盾する供述や、明らかに真実と認められる事実と矛盾する供述が引き出せれば、その供述は信用できないことが認定できるし、逆に、自白だけがあっても、他の補強する客観証拠や証言がなければ、後の懲戒処分手続や民事訴訟等で、その自白を覆されてしまうと、その覆す理由に一定の合理性が認められる場合には、全体の事実認定が崩れてしまうおそれもあるためである。

②　質問の形

　質問には、「オープン・クエスチョン」と「クローズド・クエスチョン」の２種類がある。

　オープン・クエスチョンとは、「その時どのように感じたのですか」のような、回答内容に制約を設けず、自由に答えてもらう質問の形である。一方、クローズド・クエスチョンとは、イエス・ノーの２択や、Ａ・Ｂ・Ｃの３択など、回答内容に制約を設けて、いずれかで答えてもらう質問の形である。

　ヒアリングにおいては、この２つのタイプの質問形式を使い分けながら進めていくことになる。

　これについて、単純にどちらが先、どちらが後などとルール化することは困難であるものの、例えば、ヒアリングの冒頭は、相手が「はい」や

「いいえ」で答えるクローズド・クエスチョンで話のきっかけやリズムを作り、ポイントとなる質問以降は、5W1Hで回答を引き出すためのオープン・クエスチョンでの質問を行うことなどが考えられる。

③ 基本は時系列

質問事項案を作成する際、どの事実からどのように質問してよいかを迷ったり、あるいは、どのような構成としてよいか分からなくなってしまったりすることもあるものと思われる。

そのような場合の基本的な考え方は、「時系列に沿って事実関係を確認する」という視点に立ち返ることである。時系列に沿って、5W1Hについて事実関係の確認をしていく方法は、ヒアリング対象者にとって"サプライズ"等はなく、思わぬ矛盾や自白等を引き出す効果は期待できないかもしれないものの、確認すべき事項を漏らす可能性を減らす重要な手法であると考えられる。

④ 客観資料を示す

ヒアリングでは、客観資料（Q16参照）について確認を行うことも重要な意味がある。客観資料は、例えば、契約書のように、資料だけを見れば通常は誰が何のためにそれを作成したかが基本的に理解できるものもある一方で、例えば、メールであればどのような趣旨での連絡内容か、メモであれば誰がいつ何のために作成したメモかなど、ヒアリングでの確認が必要なものが少なくない（資料があればそれだけで証拠として十分と考えるのは、一般的には誤りとすらいえる）。

注意すべき点として、例えば、被通報者に客観資料を示して（"突きつけて"）、事実を認めるかを迫る、というヒアリングを行うというような場合の客観資料の使い方・タイミングの問題がある。一般的にいって、このような場合でいきなり客観資料を示すと、ヒアリング対象者である被通報者は、当該資料を調査側が保有していることを理解した上で、それに合致するような説明を作り上げて言い逃れをすることも可能となってしまう。

そのため、通常は、客観資料を示すタイミングについて、ひととおり被通報者から説明を受け、特に客観資料と矛盾する説明がなされるのであれば、"言い間違えただけ"などと言い逃れができないようにその供述を徹底的に固めた上で、初めて客観資料を示して矛盾を突く、という順序でのヒアリング手法を検討することが考えられる。

⑤　ノンバーバル・インフォメーションにも留意

「急に大汗をかき始めた」「この質問に答える際、ソワソワし始め、鼻や髪の毛をしきりに触った」「目が泳いだ」などのノンバーバル・インフォメーションは、それだけでその証言を信用できないと断定するには情報・根拠として不足することが大半である。

しかしながら、それでもヒアリングを行う側としては、これらのノンバーバル・インフォメーションを注視することが極めて重要である。例えば、上記のような様子が認められた質問に対しては、色々な角度から質問を行うなどして、矛盾する供述がなされないか確認するなどの対応が必要である。

エ　ウェブヒアリングについて

Q 20　ウェブ会議システムを用いたヒアリング（ウェブヒアリング）での留意点は何か

A　ウェブヒアリングは、コロナ禍でも、海外等の遠距離の拠点でも、柔軟にヒアリングを行うことができる等という大きなメリットがあるが、その一方で、ヒアリング対象者が機密性の高い内容を会話できる環境にいるか、第三者が無断で同席していないか等についての確認が重要となる。

　コロナ禍となった後は、ヒアリングを対面ではなく、ウェブ会議システムを用いて行う事例も増えていると思われる。以下では、ウェブヒアリングにおける留意点を整理する。

①　ウェブと対面を使い分ける

　ウェブヒアリングは、コロナ禍等での在宅勤務下でも行うことが可能であり、利便性に富むものである一方、対面ヒアリングとは異なるものであり、完全に置き換えることはできない。特に、対面するからこそ構築できる信頼関係や醸成できる安心感・同調や、対面するからこそ追及するときに生じる緊張感などは、ウェブヒアリングでは代替できない部分と考えられる。

　したがって、ウェブヒアリングと対面ヒアリングは異なるものとして、例えば、ウェブヒアリングのデメリットを考慮する必要性が低い対象者や、地方や海外などにいて対面ヒアリングが困難な対象者についてウェブヒアリングを行うなど、可能な範囲で対面ヒアリングと使い分けることが有効と考えられる。

②　環境を整える

　ウェブヒアリングの場合、利用するZoom等のツールに慣れることがまずは重要である。また、接続テストを行うことや、資料を画面共有で示すことも多いため、そのような操作も支障なく可能かを確認することも必要である。

③　注意喚起の重要性

　ヒアリングは対象者1名について行うのが原則であるため、第三者の同席がないことを冒頭で確認する必要がある。確認のため、カメラで周囲を全部写してもらうことなどが考えられる。もちろん、それでもカメラに映り込まないところに第三者が潜んでいたり、冒頭の確認の後に入り込んできたりするなどの可能性も想定されるため、それが許されないような重要

なヒアリングであれば、途中でも確認を行ったり、場合によっては別のカメラで部屋全体を映したりするといった方法も考えられる。また、いずれにせよ、第三者の同席を認めないなどのウェブヒアリングのルールについて明確に定めた上で、仮にこれに違反した場合には重大な制裁があり得ると注意喚起することなども考えられる。

また、ヒアリングは、その内容が機微に触れることになるため、冒頭で、カフェ等の公共の場、同僚等の第三者に聞かれるような場所ではないことを確認する必要もある。

④　ウェブならではの工夫

ウェブヒアリングの場合、マスクを外すことにより対面よりも表情が見えやすいこともある一方、画面越しのウェブ接続であるため、声や表情の微妙な変化などがつかみにくいなどの違いもある。

そのため、例えば、声や表情等のノンバーバル・インフォメーションを中心に観察するという役割をヒアリング担当者の中で決めておくことも考えられる。

また、画面共有で提示する資料は、あらかじめウェブヒアリング用の別フォルダに準備しておくといった工夫も、ウェブヒアリングをスムーズに進め、追及のタイミングでの間延びを避けるための手法として有益と考えられる。

オ　ヒアリングの録音・録画

Q 21　ヒアリングを行う際に録音・録画はすべきか

Ⓐ　ケースバイケースで判断すべき論点であり、例えば、被通報者に対する重要なヒアリングで、後に"言った・言わない"の論争が発生する可能性も想定される状況であれば、一般的には被通報者に分かるよ

うにした上で録音（ないし録画）をすることが考えられる。

········· 解 説 ···

ヒアリングについては、録音・録画を行うかという論点がある。

結論としては、録音・録画についてはケースバイケースで決めることで
よいと考えられる。例えば、被通報者に対する重要なヒアリングで、後に
"言った・言わない"の論争が発生する可能性も想定される状況なのであ
れば、あらかじめ卓上に録音機を置いておくなどしてヒアリング対象者に
分かるようにして録音することが、1つの大きな選択肢となる。

この点、ヒアリング対象者に告げずに行う秘密録音は、日本ではそれ自
体が直ちに違法になるわけではないと考えられてはいるが[6]、場合によって
は調査手続の正当性を争われるような事態が発生する可能性を避けるた
め、秘密録音とはせず、ヒアリング対象者から同意を得て録音・録画をす
る場合もある。その一方で、例えば、録音・録画への同意取得が困難であ
るが、録音・録画はしておくべきと考えられるような場合には、正確な記
録を残すために秘密録音を行うことも考えられる。

一方、通報者や関係者から、率直なコメントを引き出したいというヒア
リングでは、ナーバスになっている対象者の場合、録音・録画が否定的に
影響することもあるため、そのようなときは録音・録画はせず、メモのみ
で対応することも考えられる。

なお、海外グループ会社の事案を受け付けた場合には、内容によって
は、録音・録画をすると、米国のディスカバリ制度（証拠開示制度）のよ
うに、それが海外捜査当局や訴訟の相手方への提出の対象となることも考
えられるため、必ず録音・録画の可否を法務部門に確認すべきである点に
留意が必要である。

6　海外では、例えば米国では、マサチューセッツ州をはじめとする諸州では違法と
なるとされているような法制も存在するため、留意が必要である。

カ　関係者ヒアリング

Q 22　関係者からヒアリングを行う際に留意すべき点は何か

A　通報者に対する報復その他の不利益取扱いが行われる可能性もある
ことを念頭に秘密保持義務等の注意喚起を行う一方で、調査協力を理
由とする不利益取扱いは禁止されていることを説明して、有益な供述
を引き出す努力をする必要がある。

········· 解　説 ···

　関係者ヒアリングについては、設定した調査対象事実との関係や、通報
者からのヒアリング希望等を踏まえて、対象者を決めることになる。

　関係者ヒアリングは、通報者による通報に同調・協力して事実関係や証
拠を説明・提供してもらえる機会となる場合もあり得るが、被通報者側の
人物であり、通報者に対する報復その他の不利益取扱いが行われる場合も
あり得るので、様々な可能性を念頭に実施の要否や範囲を検討する必要が
ある。

　関係者ヒアリングを行う場合には、関係者にも秘密保持義務があり、ま
た、通報者に対する不利益取扱いや通報者の探索が禁止されていること等
を注意喚起するとともに、調査協力者としての保護を受けることも説明し
て有益な供述を引き出す努力をするという、両面での配慮が必要となる。

　関係者ヒアリングは、当該事案について何らかの知識や認識等を有する
人物に行うことになるので、これらについて粛々と確認していくことが基
本となる。ただ、例えば、当該事案における法令等違反行為を目撃・認識
していた可能性がある同僚等にヒアリングをすることで、例えば、実際に
は法令等違反行為の有無は明らかではないにもかかわらず、ヒアリングを
受けた関係者が、被通報者が通報された法令等違反行為をしたのではない
かという印象を受けることも考えられ、これが被通報者に対する名誉毀損

等になるのではないか、という懸念の声が聞かれることもある。このような観点からは、事実を断定するような言い方は避けたり、あらかじめ、ヒアリングで確認する内容はそのような事実があったから質問している訳ではなく、あらゆる可能性を確認しているのみであると断りを入れたりすることが考えられる。

なお、関係者ヒアリングにおいて、新たな法令等違反行為の指摘がなされる場合、それ自体が新たな内部通報と整理すべき場合も考えられる。

キ　被通報者ヒアリング

Q 23　被通報者からヒアリングを行う際に留意すべき点は何か

A　被通報者ヒアリングは、調査の中心となることが多い重要な手続であり、被通報者がどのような主張・供述をするだろうかを予想して入念な事前準備を行う必要がある。また、被通報者ヒアリングを行うことにより、被通報者から通報者に対する報復その他の不利益取扱いのおそれにつながる可能性もあるため、被通報者に対し、通報者に対する不利益取扱いや通報者の探索が禁止されていること等を注意喚起する必要がある。

………　解　説　………

被通報者ヒアリングは、調査の中心となることが多い重要な手続である。被通報者から確認すべき事実関係も多く、また、そこでどのような供述・説明が得られるかが調査結果としての事実認定や是正・再発防止策の内容に影響を及ぼす可能性も大きいため、ウに記載した事前準備を特に徹底して行うことが必要である。

被通報者による法令等違反行為を指摘する通報については、被通報者ヒアリングを行うことで、被通報者から通報者に対する報復その他の不利益

取扱いのおそれにつながる場合もあり得るため、被通報者にも秘密保持義務があり、また、通報者に対する不利益取扱いや通報者の探索が禁止されていること等を注意喚起する必要がある。

また、被通報者ヒアリングは、その性格上、被通報者が通報者や関係者から得られた供述や客観証拠から認められそうな事実を否定し、追及的なやり取りが続くことも少なくない。このようなヒアリングの結果、被通報者が最終的に事実を認める、いわゆる"自白"をするような展開となれば、それが真実である限り、ヒアリングにおける獲得目標を達成したことになるが、通常それはそう容易なことではない。むしろ、被通報者の弁解を詳しく確認し、それが不合理なものかどうかを判断するための材料を収集することを獲得目標と設定した上でのヒアリングとなることも少なくない。

ク　誓約書について

Q 24 関係者や被通報者のヒアリングを行う際、何らかの誓約書を取得すべきか。取得するとしたら、どのような内容とすべきか

A 　関係者や被通報者のヒアリングの際に行う注意喚起については、口頭で行う場合もあるが、特に通報者に対する報復その他の不利益取扱いや通報者探索のおそれが少なくない場合等においては、誓約書を取得することが望ましい。その誓約書の内容は、通報事案であることを告げて行うヒアリングか否かによって異なってくる。

········· 解　説 ···

Q22、Q23で解説した注意喚起については、その内容を明確にするために、「誓約書」を取得することもある。

誓約書には、もし通報事案であること自体を説明せずにヒアリングを行

う場合には、以下の誓約書（例）のように、通報事案であるかどうかが特定されない内容とした誓約書を取得することが考えられる。

【誓約書（例）】

株式会社●●　●●　御中

誓約書

　私は、調査を受けるに当たり、次の点について確認し、誓約します。

1．嘘や偽りを述べず、私が知っている情報をありのまま説明し、調査に協力します。

2．調査を受けるに当たって知り得た一切の情報の秘密を保持し、当社があらかじめ認めた場合を除き、誰に対しても、開示、提供又は漏えいしません。

3．調査協力者が誰であるかを探索せず、また、調査が通報を端緒とする場合には、通報者が誰であるかを探索しません。

4．調査協力者に対して、調査協力を理由としたいかなる不利益な取扱いも行わず、また、調査が通報を端緒とする場合には、通報者に対して、通報を理由としたいかなる不利益な取扱いも行いません。

5．上記1から4のいずれかに違反した場合には社内処分等を科される可能性があることを確認します。

　　　　年　　月　　日

　　　　　　　　　　　氏名　＿＿＿＿＿＿＿＿＿＿　㊞

（7）　守秘義務・範囲外共有防止・通報者探索防止

調査を進める上で最も重要な留意点の1つは、情報守秘やプライバシー

保護の観点である。これは、通報者への確認、客観資料の確認、関係者・被通報者ヒアリングに共通する項目である。

　情報守秘・プライバシー保護についてのポイントは、以下のとおりである。

ア　法律上の守秘義務

Q 25　法12条が従事者に課す守秘義務は、どのようなものか

A　従事者又は従事者であった者は、法12条により、正当な理由がなく、公益通報対応業務に関して知り得た事項であって公益通報者を特定させるものを漏らしてはならないという法律上の守秘義務を負い、違反すると、30万円以下の罰金刑が科される可能性がある（法21条）。

………　解　説　………

　まず、法11条1項の従事者として指定された者は、法12条に基づいて、正当な理由がなく、公益通報対応業務に関して知り得た事項であって公益通報者を特定させるものを漏らしてはならないという法律上の守秘義務を負う。これに違反すると、30万円以下の罰金刑という刑事罰が法定されている（法21条）。この義務は、従事者であった者も負うため、従事者としての指定を解除された後（例：部署が異動となり、通報対応の業務から外れた後）も、従事者であった期間に接した情報については、この義務を負い続けることになる（消費者庁Q&A「従事者に関するQ&A」Q12参照）。

　法12条の守秘義務の対象となる情報は、「公益通報対応業務に関して知り得た事項」であって、かつ、「公益通報者を特定させるもの」である。「公益通報対応業務に関して知り得た事項」であるため、例えば私的な飲み会で同僚が公益通報をしたことを知った場合や、公益通報者が社内で公益通報したことを自ら公言している場合などは、この守秘義務の対象とは

ならない。また、「公益通報者を特定させるもの」としては、公益通報者の氏名、社員番号などが典型であるが、例えば、ある部署に女性が1名しかいない場合に、「〜〜部の女性社員から通報があった」と伝達すれば誰が公益通報者であるかを、確定的に認識できることになるので、このような情報も法12条の守秘義務の対象となる。

なお、「正当な理由」があれば法12条の守秘義務に違反したことにならない。例えば、公益通報者本人の同意がある場合、法令の規定に基づいて開示した場合（捜査機関による照会や、裁判所による文書提出命令等に応じた場合など）、調査を担当する従事者間での情報共有等のように、通報対応に必要不可欠な場合などが考えられる（逐条解説236頁）。

イ　範囲外共有の防止

Q 26　範囲外共有の防止とは、どのような意味か

A　「範囲外共有」とは、指針により、公益通報者を特定させる事項について、必要最小限の範囲を超えて共有する行為と定義されている。法は、範囲外共有を防止する体制を整えることを企業に求めている。

………　解　説　………

法11条2項の体制整備義務を受けた指針は、公益通報者を特定させる事項について、公益通報に対応する者が必要最小限の範囲を超えて共有する行為、すなわち「範囲外共有」を防止する体制を整えることを企業に求めている。

これを受けて、多くの企業が内部規程において、範囲外共有の禁止を規定している。法・指針が直接要求しているのは公益通報者についての範囲外共有の禁止であるが、より一般的な対応としては、公益通報者に限定せず通報者を一般に保護の対象とするとともに、保護対象となる情報を、公

益通報者を特定させる事項に限定せず、通報内容、相談内容、調査内容及び関連する全ての情報と規定して、広く保護の対象とすることが考えられる。

ウ　通報者の探索防止

Q 27　通報者の探索防止とは、どのような意味か

A　「通報者の探索」とは、指針により、公益通報者を特定しようとする行為と定義されている。法は、通報者の探索を防止する体制を整えることを企業に求めている。

.... 解　説 ....

　法11条2項の体制整備義務を受けた指針は、公益通報に対応する者に対し、公益通報者を探索する行為を防止する体制を整えることを企業に求めている。

　これを受けて、多くの企業が内部規程において通報者の探索禁止を規定している。法・指針が直接要求しているのは、公益通報者についての探索禁止であるが、より一般的な対応としては、公益通報者に限定せず通報者を一般に保護の対象とすることが考えられる。

　ところで、指針は、「公益通報者を特定した上でなければ必要性の高い調査が実施できないなどのやむを得ない場合を除いて」、探索防止措置をとることと定められている。この「公益通報者を特定した上でなければ必要性の高い調査が実施できないなどのやむを得ない場合を除いて」という文言の意義や具体例について、指針解説はその具体的内容を明らかにはしていない。

　ただし、かかる除外規定が、内部公益通報者を特定する情報を共有するという場面を想定した場面であることからすれば、内部公益通報者を特定

する情報を第三者に伝えることが「正当な理由」を有するかどうかという検討と、類似するであろう。この点については、第2章8(2)ウでは、「正当な理由」の具体例として「ハラスメントが公益通報に該当する場合等において、公益通報者が通報対象事実に関する被害者と同一人物である等のために、調査等を進める上で、公益通報者の排他的な特定を避けることが著しく困難」といった事情を記載している。このような事情があれば、「公益通報者を特定した上でなければ必要性の高い調査が実施できないなどのやむを得ない場合」に当たり、この場合は通報者の探索防止措置を講じる必要はないであろう。

エ　その他プライバシー保護等

Q 28　その他、調査過程におけるプライバシーに関する論点としては、どのようなものがあるか

A　会社のメールアドレスによるメールのやり取り、会社貸与携帯での通話やメッセージ等のやり取りに関する確認が可能か、個人のメールアドレスや携帯での通話やメッセージ等のやり取りの場合はどうか、等の論点がある。

………　解　説　………………………………………………………………

調査過程におけるプライバシーに関する論点として、会社のメールアドレスによるメールのやり取り、会社貸与携帯での通話やメッセージ等のやり取りに関する確認が可能か、という論点がある。これについては、会社のメールアドレスでのメールのやり取りであれば、調査の必要性が認められる場合には、特段の事情がない限り本人の同意なくこれを調査・確認することもプライバシー侵害とならない、というのが一般的な考え方である。

また、会社貸与携帯についても、特段の事情がない限り同様の整理が可

能と考えられ、サーバー等で確認ができる場合であれば、本人の同意なく、会社貸与携帯でのやり取りについては確認も可能と考えられる。

　一方、個人のメールアドレス（Gmail等）、個人携帯、個人のLINEアカウントでのやり取りなどは、たとえ業務関係の内容が含まれるとしても、本人の同意なく無断で又は強制的にこれらを確認したり、あるいは同意を強制したりすることはプライバシー侵害となり得ると考えられるため、注意が必要である。

オ　情報管理全般について

Q 29　調査における情報管理を徹底しようとすると、十分な調査ができないおそれがある場合には、どのように考えればよいか

A　通報者や調査協力者が特定できる情報を中心とした情報管理が極めて重要なことを意識しつつも、場合によっては、調査を進めることで、通報者や調査協力者が誰であるかが推測されることが当然あり得るため、通報や調査協力を理由とする不利益取扱いが禁止されている等を説明し、通報者や調査協力者の理解を得ながら必要な調査を行えるよう努めることが重要である。

……… 解　説 ……………………………………………………………………

　情報管理については、様々な要請や規程の定めがあり、調査において意識すべき非常に重要なポイントとなっている。受付担当者や調査担当者として重要なのは、誰が通報や調査協力をしたのかという情報を徹底して守ることによってはじめて、通報や調査協力を行うことに対する躊躇や不安が少しでも払拭され、通報や調査協力を促すことができる、という点を常に強く意識することである。

　一方、調査を進めることにより、どうしても自分が通報をしたことや調

査協力したことが分かってしまうという不安やリスクを解消することはできないという場面に遭遇することが多いのも現実である。特に、部署が小さい場合や、通報内容からハラスメントの被害者自身が通報したことが自ずと判明してしまうような、その内容を指摘できるのはこの人しかいないというように通報内容から自ずと通報者が特定されてしまう場合などが典型的である。

　このような場合であっても、情報管理の重要性には変わるところはないが、それのみならず、たとえ通報者や調査協力者が誰であるかが判明するとしても、通報や調査協力を理由とする不利益取扱いは法や内部規程で固く禁止されている等を説明し、通報者や調査協力者の理解を得ながら必要な調査を行えるよう努めることが非常に重要となる。

(8)　事実認定

Q 30　調査手続における事実認定とは、どのようなものか

A　事実認定とは、調査対象事実が存在すると認められるか否かを、調査を通じて確認された事実関係や証拠関係に基づいて認定していく作業であり、争いのない事実や証拠によって認定できる事実をベースとして、争いのある事実の有無を経験則によって認定していく作業である。

········· 解　説 ··

　以上の通報者からの事実確認、客観資料の収集・確認、関係者・被通報者ヒアリング等必要な手続を尽くしたときは、確認された事実・証拠に基づいて事実認定を行うことになる。

　事実認定とは、調査対象事実が存在すると認められるか否かを、調査を通じて確認された事実関係や証拠関係に基づいて認定していく作業であ

る。

事実認定を行う手順は、概ね以下のように整理することができる。

【事実認定の手順】

---

① 争いのない事実関係、証拠等によって明らかに認定できる事実関係をまずは確認する。

② 調査対象事実のうち争いのある事実、その認定に関連して、ほかに争いのある事実があるかも確認する。

③ ②の各事実について、①の争いのない事実関係や明らかに認定できる事実関係、そして証拠等によって、「普通こういう事実があるなら、こういう事実もあると考えられる」という"経験則"を用いて認定をしていく。

④ これらの作業においては、基本的には、記憶等があいまいで変遷の可能性のある証言・供述よりも、客観資料を重視して行う。

---

(9) 救済・回復措置

Q 31 実際に不利益取扱い等が発生した場合にとるべき救済・回復措置とはどのようなものか

A 不利益取扱い等を行った者に対する厳正な対処や、行われた不利益取扱い（処分や異動等）の取消や無効化等が可能な場合にはそのような対応をとるなどが考えられる。

········ 解　説 ········

通報や調査協力をしたことを理由とする不利益取扱いが実際に発生した場合には、これに対する救済・回復の措置をとり、不利益取扱いを行った

者に対する厳正な対処をとることが法・指針によって求められている。このような姿勢を明確にすることにより、通報や調査協力を行うことで不利益取扱いを受けることがないという認識を十分に役職員に持たせることが重要である。

　不利益取扱いに対する救済・回復の措置としては、例えば、行われた不利益取扱いが処分や異動であった場合には、これを取消や無効化して地位等を回復させることや、当該処分や異動に関与した者に対する厳正な処分等を検討することが考えられる。一方、嫌がらせ等の事実上の行為については、取消や無効化や回復が難しいため、不利益取扱いを行った者に対する厳正な処分等を行うことと、そのような嫌がらせ等の禁止を徹底するということが基本となる。

　また、範囲外共有や通報者の探索が行われた場合にも、これに対する厳正な対処が重要となる。一方で、範囲外共有や通報者の探索については、実効的な救済・回復の措置を講ずることが困難な場合も想定されることから、範囲外共有や通報者の探索を防ぐ措置を徹底することがより重要となる。

---

4 ｜ 是正措置等の実務

Q 32
調査の結果、コンプライアンス上問題ありと判断した場合、どのような是正措置を検討すればよいか

A 調査の結果明らかとなったコンプライアンス上の問題について、①コンプライアンス上問題と判断した状況の排除、②原因究明・再発防

止、③ステークホルダー等への情報開示・申告、④被害者への対応、⑤加害者・コンプライアンス違反行為者への対応、⑥社内公表、⑦通報者へのフィードバック、⑧是正措置実施後のフォローアップ・経過観察といったメニューから、個別・具体的な事案に応じて当該問題を改善するために必要な是正措置を検討することが必要である。

········· 解 説 ···

調査の結果、コンプライアンス上問題ありと判断した場合、当該問題を改善するために必要な是正措置がなされなければならない。この点、指針第4−1−(3)でも、「調査の結果、通報対象事実に係る法令違反行為が明らかになった場合には、速やかに是正に必要な措置をとる」こととされている。

実施すべき是正措置については、個別・具体的な事案に応じて検討する必要があるものの、検討すべき是正措置のメニューとしては次のようなものが考えられる。

---

① コンプライアンス上問題と判断した状況の排除

② 原因究明・再発防止

③ ステークホルダー等への情報開示・申告

④ 被害者への対応

⑤ 加害者・コンプライアンス違反行為者への対応

⑥ 社内公表

⑦ 通報者へのフィードバック

⑧ 是正措置実施後のフォローアップ・経過観察

なお、各メニューにおける留意点については、以下のQ&Aを参照されたい。

コンプライアンス上問題ありと判断した状況の排除のために どのような対応を検討すればよいか

A コンプライアンス上問題ありと判断した状況の排除のために求められる対応は、当該問題の内容に応じ、様々なものが考えられる。そのため、一概にこれをすればよいというものはなく、問題状況の精緻な分析の上、ステークホルダーとの関係も踏まえた個別・具体的な検討が求められることを念頭に検討することが重要である。

········· 解　説 ···

　調査の結果、コンプライアンス上の問題が明らかとなった場合には、速やかに当該問題状況を排除しなければならない。問題状況の排除のために必要な対応は、当該問題がどのような内容であるかにより大きく異なってくるため、個別・具体的な事案に応じた検討が必須であり、その前提として、問題状況の精緻な分析が欠かせない。

　例えば、調査の結果、ある部署でのパワーハラスメントの事実が明らかになったとしよう。この状況を排除するためには、まずは、パワーハラスメントの加害者と被害者の職務上の関係を改善することが必要である。その問題の程度によっては、例えば、加害者若しくは被害者いずれかの部署異動を実施したり、加害者の一時的な自宅謹慎や被害者のテレワークの実施など加害者と被害者の物理的な距離を設けたりすることが考えられる。

　また、調査の結果、従業員が、消費者から取得した個人情報を第三者に不正に販売し、漏えいしていたことが明らかになったとしよう。この状況を排除するためには、当該従業員について、具体的な処分の決定までの間、自宅謹慎とするなど、消費者の個人情報にアクセスできないようにすることが求められよう。

　さらには、調査の結果、従業員がいわゆる架空循環取引を実施し、実態

のない売上げを計上していたことが明らかになったとしよう。このような実態のない売上計上による会計処理は、不適切なものと判断され得るものであり、過去の決算を訂正したり税務申告を修正したりする場合がある。

　このように、コンプライアンス上問題ありと判断した状況の排除のために求められる対応は、当該問題の内容に応じ、様々なものが考えられるため、一概にこれをすればよいというものではない。問題状況の精緻な分析の上、ステークホルダーとの関係も踏まえた個別・具体的な検討が求められることを理解しておくことが重要である。

Q 34 原因究明・再発防止策の検討に当たっては、どのような観点に留意すればよいか

A　原因究明に当たっては、「不正のトライアングル」理論を参考に、①機会：不正行為の実行を可能又は容易にする客観的な環境、②動機（プレッシャー／インセンティブ）：不正行為の実行を欲する主観的な事情、③正当化：不正行為の実行を積極的に是認する主観的な事情、という３つの観点からの分析が重要である。また、再発防止策の検討に当たっては、分析された個々の原因に応じて個別・具体的に検討していくことが必要である。

········ 解　説 ··

　調査の結果明らかとなったコンプライアンス上の問題については、これを排除することはもちろん重要であるが、今後、同様の問題を発生させないようにすることが、企業の改善として求められる。この点、日本取引所自主規制法人が2016年２月24日に策定・公表した「上場会社における不祥事対応のプリンシプル」7（以下「不祥事対応プリンシプル」という）においても、①において「不祥事の根本的な原因の解明」が、③において「実効

性の高い再発防止策の策定と迅速な実行」が求められている。

　そのため、今後同様の問題を発生させないようにするための再発防止策を策定・実施することが企業に求められるが、実効的な再発防止策の検討のためには、当該問題がなぜ発生してしまったのか、その原因を究明することが欠かせない。原因究明をおろそかにして、形式的な再発防止策を策定したとしても、真の原因をつぶしておかなければ、また同じ問題を繰り返すことになってしまう。同じ問題を繰り返す企業に対するコンプライアンス評価・レピュテーションが大きく低下することは想像に難くないであろうから、まずは原因究明を徹底しなければならない。

　この原因究明に当たっては、人が不正をする仕組みをモデル化した「不正のトライアングル」という考え方が参考になる。米国の犯罪学者ドナルド・R・クレッシー（Donald R. Cressey）が犯罪者への調査を通じて導き出した要素を、W・スティーブ・アルブレヒト（W. Steve Albrecht）博士が図式化した理論である。この「不正のトライアングル」理論では、不正行為は、①機会：不正行為の実行を可能又は容易にする客観的な環境、②動機（プレッシャー／インセンティブ）：不正行為の実行を欲する主観的な事情、③正当化：不正行為の実行を積極的に是認する主観的な事情、という３つの要素（＝不正リスク）が揃ったときに発生するとされる。

　コンプライアンス上の問題においても、「不正のトライアングル」理論は当てはまるものであるから、上記の①機会、②動機、③正当化という３つの要素から事案を分析し、原因究明を進めていくことが有用である。

　「不正のトライアングル」理論を用いて分析した原因をどのように再発防止策の策定に活かしていくかを具体的に考えてみよう。

　例えば①の機会について、経費申請や立替払請求に対して、上長は何も確認せずに承認している（＝不正な請求をしても承認してもらえる）という

7　https://www.jpx.co.jp/regulation/listing/principle/index.html

状況下での不正な経費申請や立替払請求を防止するためには、上長の確認プロセスの見直しや当該確認プロセスの検証といった措置が効果的と考えられる。

　次に②の動機について、ノルマに対する強いプレッシャーがあり、達成できないと強く責められるという状況下において、従業員がこのような状況を回避するために、いわゆる架空循環取引を実施し実態のない売上げを計上していたということであれば、このような会計不正を防止するためには、企業において適切な目標・ノルマ設定がなされるような改善が必要になると考えられる。

　また、③の正当化について、早く売上げをあげたいとの営業の意向を汲んで、品質基準から外れる製品の検査を通過させていたというような検査不正を防止するためには、検査不正を実施していた部署だけでなく、営業部署においても、コンプライアンス研修を徹底するといった措置が必要であろう。

　このように、原因究明・再発防止策の検討に当たっては、「不正のトライアングル」理論を用いた原因究明とこれによって分析された原因に対応した再発防止策を個別・具体的に検討していくことが必要である。

Q 35　ステークホルダー等への情報開示はどのように行えばよいか

A　調査の結果明らかとなったコンプライアンス上の問題について、事案等に応じ、証券取引所や会計監査人、規制当局、株主といったステークホルダー等に対し、事案の内容や経緯、企業としての見解等を丁寧に説明するなど、透明性の確保に努めることが重要である。

……… 解　説 ………………………………………………………………………………
調査の結果明らかとなったコンプライアンス上の問題について、事案等

に応じ、ステークホルダー等への情報開示が求められることも少なくない。不祥事対応プリンシプルにおいても、④として「迅速かつ的確な情報開示」が求められている。

例えば、調査の結果明らかとなったのがいわゆる会計不正事案である場合、会計監査人や規制当局といった関係者への速やかな状況報告が必要となるとともに、必要に応じて過年度決算を訂正することになる。

また、調査の結果、価格カルテルの事実が明らかとなった場合には、直ちに公正取引委員会へのリニエンシー申請が検討されなければならず、このような規制当局への自主申告も検討対象となる。

さらには、コンプライアンス上の問題の重大性によっては、株価に多大な影響を与えることも考えられ、記者会見や対外的なリリースも検討しなければならない。

このように、調査の結果明らかとなったコンプライアンス上の問題については、事案等に応じた情報開示が必要となるが、その際は、事案の内容や経緯、企業としての見解等を丁寧に説明するなど、透明性の確保に努めることが重要である。

Q 36 調査の結果明らかとなったコンプライアンス上の問題に関して被害者がいる場合の対応としてどのような措置を検討すればよいか

A 被害者に対しては、被害の回復の措置が必要である。被害の回復の措置としては、残業代の支払いや異動・復職といった企業が対応すべきもののほか、加害者による謝罪や損害賠償への関与も検討する必要がある。

········ 解　説 ········

調査の結果明らかとなったコンプライアンス上の問題に関して被害者が

いる場合には、当該被害の回復に向けた措置を行わなければならない。

　例えば、上司にサービス残業を強要されていたことが判明した場合には、残業代の支払いを実施することが必要となるであろうし、ハラスメントの一環として不当な異動や転勤が実施されていたことが判明した場合には、元の役職に戻すための対応を検討する必要がある。

　また、いわゆるハラスメント事案などにおいては、被害者が加害者に対して、謝罪や損害賠償を求めることもままある。このような場合に、企業がどのようにかかわっていくかは、難しい問題であるが、一般論としては、加害者側に謝罪や損害賠償の意思があるのであれば、会社として機会を設けるとともに、思わぬトラブルとならないよう、必要に応じて担当者が立ち会うなどの対応が考えられる。

Q 37　加害者・コンプライアンス違反者への対応としてどのような措置を検討すればよいか

A　加害者・コンプライアンス違反者に対する①懲戒処分等の社内処分のほか、企業が被った損害や不正の態様・程度に照らし、②企業への損害賠償の要求、③民事訴訟等による法的手続、④刑事告訴・告発といった措置を検討する必要がある。

………　解　説　………………………………………………………………………

　調査の結果明らかとなったコンプライアンス上の問題に関して、加害者やコンプライアンス違反者に対して企業がとるべき対応としては、次のようなものとなろう。

①　懲戒処分等の社内処分
②　企業への損害賠償の要求

③　民事訴訟等による法的手続

④　刑事告訴・告発

　①懲戒処分等の社内処分につき、コンプライアンス上の問題に対して、加害者やコンプライアンス違反者に対し、適切に社内処分をなすことで、内部通報制度が機能していることを示すことができるため、事案に即した妥当な社内処分が検討されなければならない。この点、指針解説第3－Ⅱ－1－(3)においても、「調査の結果、法令違反等が明らかになった場合には、例えば、必要に応じ関係者の社内処分を行う等、適切に対応」することが求められている。

　コンプライアンス上の問題によって企業が金銭的な損害を被ったときは、当該損害について、加害者やコンプライアンス違反者に対して②損害賠償を求めることを検討する必要がある。損害賠償を求めるに当たっては、その要否・範囲を検討するために、当該コンプライアンス上の問題が加害者・コンプライアンス違反者の過失によって生じたのか、故意によって生じたのかを考慮することとなろう。また、加害者・コンプライアンス違反者が損害賠償に応じない場合には、企業としては、③民事訴訟等による法的手続を検討すべきである。これは、企業の金銭的損害の回復を目指すことはもちろん、加害者・コンプライアンス違反者が得をするような状況を放置しないことで、再発防止を実効あらしめるためにも重要である。

　さらに、コンプライアンス上の問題が刑罰法規に違反するような場合には、事案の重大性に応じて、④刑事告訴・告発も検討すべきである。案件によっては、企業としての厳しい姿勢を示すことが求められることもあるのである。

Q 38 社内公表はどのように実施すればよいか

A　再発防止や内部通報制度に対する信頼確保といった目的・観点から、調査の結果明らかとなったコンプライアンス上の問題に対して、企業としてどのような対応をとったのかを社内に示すことは有効であるが、その際は、通報者や調査協力者等に不利益が及ばないよう、氏名等の匿名化や事案の抽象化といった措置を講じる必要がある。

········ 解　説 ···

　調査の結果明らかとなったコンプライアンス上の問題に対して、企業としてどのような対応をとったのかを社内に示していくことは、再発防止のためにも、また内部通報制度に対する信頼を高めるためにも有効である。

　もっとも、上記の目的・観点に鑑みれば、関係者の氏名や具体的な事案の内容は必ずしも明らかにする必要はないため、社内公表に当たっては、通報者や調査協力者等に不利益が及ばないよう、氏名等の匿名化や事案の抽象化といった措置を講じる必要がある。

Q 39 通報者へのフィードバックに当たってはどのような点に留意すればよいか

A　通報者へのフィードバックに当たっては、①フィードバックの時期につき、基本的に内部通報対応として区切りのついたタイミングで実施することとしつつ、調査の実施や是正措置の検討に時間を要するような場合には中間的なフィードバックも検討すべきである。また、②フィードバックの内容につき、適正な業務の遂行及び利害関係人の秘密、信用、名誉、プライバシー等の保護に支障が生じないよう留意す

る必要がある。

　指針第4－3－(2)では、「書面により内部公益通報を受けた場合におい
て、当該内部公益通報に係る通報対象事実の中止その他是正に必要な措置
をとったときはその旨を、当該内部公益通報に係る通報対象事実がないと
きはその旨を、適正な業務の遂行及び利害関係人の秘密、信用、名誉、プ
ライバシー等の保護に支障がない範囲において、当該内部公益通報を行っ
た者に対し、速やかに通知する」と示されている。

　この点、指針解説第3－Ⅱ－3－(2)では、「内部公益通報をした者は、
事業者からの情報提供がなければ、内部公益通報について是正に必要な措
置がとられたか否かについて知り得ない場合が多いと考えられ、行政機関
等に公益通報すべきか、調査の進捗を待つべきかを判断することが困難で
ある」ため、内部公益通報への対応結果を内部公益通報をした者に伝える
必要があるとされる。これは、企業にとっては、通報者へのフィードバッ
クを怠っていると、内部通報への対応がきちんとなされていないのではな
いかと疑念を抱いた通報者による内部告発を招きかねないことを意味す
る。そのため、通報者へのフィードバックを行うことで、通報に対して企
業がきちんと対応していることを示し、通報者からの信頼の獲得に努める
ことが重要である。

　このような観点から考えると、通報者へのフィードバックに当たって
は、①フィードバックを実施する時期と②フィードバックする内容に留意
が必要である。

　①　フィードバックを実施する時期については、基本的には、調査結果
　　が出たとき、是正措置をとったときなど、内部通報対応として区切り
　　のついたタイミングで実施することになろう。ただし、調査の実施や
　　是正措置の検討に時間を要するような場合には、対応の過程について
　　中間的にフィードバックを実施するとともに、今後の対応方針や対応

に見込まれる期間を伝えることも検討されるべきである。

② フィードバックする内容については、大きく、調査結果、調査方法、是正措置をとった旨及びその内容等に分類できると考えられるところ、その全てを詳らかにする必要はなく、むしろ、指針第4－3－⑵で示されているように、「適正な業務の遂行及び利害関係人の秘密、信用、名誉、プライバシー等の保護に支障がない範囲において」通知するよう注意が必要である。

なお、フィードバックに当たっては、上記の①、②に留意するとともに、通報がきっかけとなり企業として改善できた場合には通報についての評価・感謝を付すとよい。内部通報はともすれば仲間を売る裏切り行為だというような見方をされることもあるが、企業として内部通報を正当に評価することで、内部通報が正しいことであるという認識を役職員に浸透させることが、内部通報制度の促進のために重要である。

Q 40 通報者が既に退職・退任している場合、フィードバックに当たってはどのような点に留意すればよいか

A 通報者が既に退職・退任している場合であっても、通報対応の結果についてのフィードバックは行う必要があるが、フィードバックに当たっては、情報漏えい防止の観点から、伝える情報を慎重に検討すべきである。

········· 解 説 ···

Q39で述べた指針第4－3－⑵では、フィードバックの対象として、退職者・退任役員を除いてよいとはされていない。通報者が既に退職・退任している場合であっても、通報対応の結果についてのフィードバックは行う必要があり、その際の留意点としてはQ39で指摘した点はいずれも同様

に当てはまる。もっとも、退職者・退任役員に対してフィードバックを行う際は、その内容について、情報漏えい防止の観点から、一層の留意が必要である。

　すなわち、フィードバックに当たっては、調査結果、調査方法、是正措置をとった旨及びその内容等を伝えることになるが、これらの中に企業の機密情報に当たるものが含まれることもある。退職者・退任役員は、現時点では社外の者であるから、このような会社の機密情報を不用意に社外に漏えいすることにならないよう注意しなければならない。前述の指針第4−3−(2)では、「適正な業務の遂行及び利害関係人の秘密、信用、名誉、プライバシー等の保護に支障がない範囲において」通知することが求められているところ、退職者・退任役員にフィードバックする際は、情報漏えい防止の観点からも、伝える情報を慎重に検討すべきである。

Q 41　是正措置実施後のフォローアップ・経過観察としてはどのようなことをすればよいか

A　調査の結果明らかとなったコンプライアンス上の問題について講じた是正措置が、一時的なものとなってしまわないよう、一定期間経過後に能動的に改善状況に関する調査を行う、特定の個人が被害を受けている事案においては問題があれば再度申し出るよう通報者に伝えるといった継続的なフォローアップ・経過観察が必要である。

………　解　説　………

　指針第4−1−(3)では、「是正に必要な措置をとった後、当該措置が適切に機能しているかを確認し、適切に機能していない場合には、改めて是正に必要な措置をとる」ことが求められている。調査の結果明らかとなったコンプライアンス上の問題について講じた是正措置が、一時的なものに

とどまってしまうのであれば、是正措置として必要十分とはいえない。そのため、是正措置に当たっては、継続的なフォローアップ・経過観察が必要である。

　この点、指針解説第3－Ⅱ－1－(3)－③では、「是正に必要な措置が適切に機能しているかを確認する方法として、例えば、是正措置から一定期間経過後に能動的に改善状況に関する調査を行う、特定の個人が被害を受けている事案においては問題があれば再度申し出るよう公益通報者に伝える」といった対応が掲げられている。

　なお、このように、是正措置に関する継続的なフォローアップ・経過観察を実施することは、通報者や調査協力者に対する、通報・調査協力を理由とする不利益取扱いを防止するという観点からも有効といえよう。

5　具体的事案ごとの対応マニュアル

(1)　ハラスメント通報

　多くの企業では通報窓口に寄せられる事案の中でも、パワーハラスメント、セクシャルハラスメントなどのハラスメント事案が、多くの割合を占めているといえる。ここでは、そのようなハラスメント事案について通報があった場合の留意点等について、いくつかのケースを想定しながら解説をする。

　なお、ハラスメント事案の場合は、法2条3項に定める「通報対象事実」に該当するものもあるが、「通報対象事実」には該当しないものも多くあるところ[8]、それらを区別せずに解説することとしたい。

Q 42 パワーハラスメントの直接の相手方ではないCから、「Aの Bに対するパワーハラスメントを見るのが耐えられないし、職場全体 の環境が害されている。私（C）も、被害者である」という内容の通 報があった場合、どのように対応すればよいか

A パワーハラスメントの直接の相手方ではないCからの通報であって も調査を進める必要があるが、パワーハラスメントの直接の相手方で あるBの意向を確認するなどの工夫をする必要がある。

········ 解 説 ··

　パワーハラスメント行為の直接の相手方（B）ではない者（C）から通 報を受けた場合は、そのパワーハラスメント行為の経緯等を最も把握して いるのはBであるし、Bが当該パワーハラスメント行為についてどのよう に受け止めているのか、また、Bが当該パワーハラスメント行為について どのような対応を求めているのかも重要であるため、Bからの話を聞い て、事実経過やBの意向を確認することが重要である。Cからの通報が、 Bから相談を受けている、という内容を含んでいる場合もあるが、そのよ うな場合には、Cに対し、B本人からも通報するように促すよう依頼する ことが考えられる。

　もっとも、パワーハラスメントが行われている場合には、それを周りで 見ざるを得ない者（C）との関係でも就業環境が害されているおそれがあ り、そのようなCも被害を被っているといえる。そのため、Bの同意を得 ていないからといって「調査をしない」ということは避けるべきであり、 Cを被害者と位置付けて、直接の相手方Bの同意を得られないとしても、 調査を進めることが考えられる。

8　第2章3参照。

なお、例えば、Bが密室でAからパワーハラスメントを受けたということをCに相談しており、CがBから聞いたことを通報するという場合には、Bが通報したとAに理解されてしまう可能性もある。そのため、Bの意向によっては、CがBから聞いた話をそのままAに事実確認することは避けた方がよい場合もあり、Cが直接目撃したケース（例えば、AがCや他の従業員の前でBにパワーハラスメントを行ったのを目撃したケースなど）をAに事実確認するのがよいであろう。

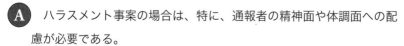

Q 43　ハラスメントの事案では、通報者に対しどのような配慮が必要か

A　ハラスメント事案の場合は、特に、通報者の精神面や体調面への配慮が必要である。

········· 解　説 ···

　Q15の解説で述べたとおり、調査に当たっては、通報者の話を傾聴することや守秘義務を守ることが重要である。

　加えて、ハラスメント事案では、通報者の精神面や体調面にも配慮する必要性がある。

　ハラスメントの被害に遭ったと思っている通報者としては、「窓口に通報したことが加害者に判明して、ハラスメントがひどくなるのでは」「通報することによって自身の人事評価が下がるのでは」など、様々な悩み・葛藤を抱いていることが多いといえる。特に、パワーハラスメントやセクシャルハラスメントなどのハラスメントは、被害者が抵抗や拒絶をしづらいという面もあり、これがハラスメントの発生や継続の要因となっている場合もある。そのため、通報者の通報内容を「それくらいのことはよくあることだ」と安易に一般化したり、「それくらいではハラスメントにはな

らない」と安易に否定したり、「こうなった背景にはあなたにも悪い点があったのではないか」と通報者側に非があるかのような発言をすることは控えるべきである。窓口担当者や調査担当者としては、内心では、通報者の悩み・葛藤を全て同じように共感することはできない場合もあるかもしれないが、そうだとしても口に出すべきではなく、むしろ通報者に理解を示す姿勢を見せることで、通報者は安心して話をすることができるようになるであろう。

　また、ハラスメント事案の通報を受けた場合は、睡眠不足、食欲不振、モチベーションの低下などがないかを確認して、通報者が体調不良に陥っていないかについても確認をすることが重要である。もし症状が重かったり、長く継続したりしているようであれば、産業医や会社で提携している医療機関などを案内することも考えられる。ただし、この点については、通報者の意向も踏まえた上で、人事部などとも連携して検討することが望ましい場合もあろう。

Q 44　ハラスメント事案については人事部のハラスメント専用相談窓口が受け付けるという企業において、内部通報窓口にハラスメント事案の通報がなされた場合、内部通報窓口としてはどのような対応をすべきか

Ⓐ　内部通報窓口においても対応をすべきであり、受付段階での対応が速やかになされずに対応が滞ってしまうことは避ける必要がある。

.... 解　説 ....

　内部通報窓口にハラスメント事案の通報がなされた場合、ハラスメント事案については人事部のハラスメント専用相談窓口が受け付ける体制としていることについて、通報者が知らない可能性もある。そのため、内部通

報窓口としては、まずは人事部のハラスメント専用相談口を案内すること
が考えられる。もっとも、通報者としては人事部のハラスメント専用相談
窓口があることを分かった上で、あえて、内部通報窓口を選択して通報し
ている可能性もある。そこで、企業としてハラスメント事案の通報に対応
しなければならないことに変わりはないため、内部通報窓口へのハラスメ
ント事案の通報を排除することは適切ではなく、通報者の意向も踏まえ、
内部通報窓口でハラスメント事案の通報を受け付けなければならない場合
もあると考えられる。

　いずれにせよ、企業に対するハラスメント事案の通報が行われたにもか
かわらず、受付段階での対応が速やかになされずに対応が滞ってしまうこ
とは避ける必要がある。そのため、ハラスメント事案についてハラスメン
ト専用相談窓口ではなく内部通報窓口に通報がなされた場合の受付の流
れ・対応方針を、あらかじめ検討しておいた上で、実際に通報がされた場
合に、迅速かつ適切に対応できるようにしておく必要がある。特に、ハラ
スメント専用相談窓口と内部通報窓口とで担当部署が異なる場合（例：人
事部とコンプライアンス部）、両部門の連携による検討・整理が重要となる。

Q 45　パワーハラスメント事案については、どのような項目・要素をヒアリングすべきか

A　パワーハラスメントの要件の１つである、必要性・相当性の要件に
ついて、特に詳細に事実関係を確認する必要がある。

………… 解　説 …………

　ヒアリングにおいて一般的に確認すべき項目は、Q19の解説を参照して
いただきたいが、特にパワーハラスメント事案においては、パワーハラス
メントの要件も意識したヒアリングをすべきである。

パワーハラスメントとは、「職場において行われる①優越的な関係を背景とした言動であって、②業務上必要かつ相当な範囲を超えたものにより③その雇用する労働者の就業環境が害されること」と定義される。このうち実務上特に悩ましいのが、②の必要性・相当性の要件であり、いわゆる「指導」と「パワーハラスメント」の境界線の問題である。

　いわゆるパワハラ指針[9]では、「業務上必要かつ相当な範囲を超えた」言動とは、「社会通念に照らし、当該言動が明らかに当該事業主の業務上必要性がない、又はその態様が相当でないもの」を指すとされている。例えば、以下のもの等が含まれるとされている。

・業務上明らかに必要性のない言動
・業務の目的を大きく逸脱した言動
・業務を遂行するための手段として不適当な言動
・当該行為の回数、行為者の数等、その態様や手段が社会通念に照らして許容される範囲を超える言動

　上司等が部下等を指導する際に、必要性が全く認められないという場面は稀であろう。むしろ、上司等が指導する場面では、部下等にミス等があったり、業務上の改善すべき点があったりすることが多い。また、必要性の程度は、ミス等や改善点の内容によっても変わってくる。そのため、パワーハラスメント事案の場合は、部下等のミス等や改善点に関するやり取りの内容を詳細に事情確認することが重要となる。

　また、指導の必要性が高ければ高いほど厳しめの指導をすることもあろう。指導の相当性は、業務上の指導の必要性と関連して判断することになるが、そのためには上司等の言動が具体的にどのようなものだったか、また、その経緯はどのようなものであったかを確認することが必要となる。

　さらに、当該部下との関係だけではなく、他の部下等に対する指導がど

9　「事業主が職場における優越的な関係を背景とした言動に起因する問題に関して雇用管理上講ずべき措置等についての指針」（令和2年厚生労働省告示第5号）

のように行われているかについても、確認する必要がある。

　以上を踏まえて、必要性と相当性については、以下のような項目を意識しながらヒアリングをするとよいであろう。

〈必要性〉

① 部下等のミス等や改善すべき点の有無・内容

　①−1　ミス等や改善すべき点の有無

　①−2　具体的な内容・程度

　①−3　原因・背景

② 他の従業員の同様のミス等や改善すべき点の有無・内容

　②−1　他の従業員のミス等や改善点の有無

　②−2　具体的な内容・程度

　②−3　原因・背景

　②−4　他の従業員に対する上司等の指導の有無・内容

〈相当性〉

③ 上司等の言動の内容・態様

　③−1　上司等の言動が行われた際の具体的なやり取り

　③−2　③−1のうち、通報者が特に問題視するやり取り

　③−3　上司等の具体的な動作（身ぶり等）

　③−4　③−3のうち、通報者が特に問題視する動作

　③−5　声の大きさや発言の繰り返しの程度

　③−6　日時（勤務時間内かどうか）・所要時間・場所・頻度

　③−7　（メール・チャット等の場合）他の宛先の有無

④ ③の言動に至るまでの過去からのやり取り

⑤ ③の言動が行われた後のフォローの有無・内容

⑥ 通報者以外に対する言動等との比較

⑦ 部下等の心身の状況（③の言動による部下の体調等への影響等）

---

⑧　部下等の属性（新入社員か、当該部門・業務での経験の有無・程度等）

Q 46　ハラスメント事案のヒアリングで、事実関係を確認する際に、特に重要な点はどのような点か

A　「評価ではなく事実」を「できる限り具体的に」ヒアリングをすべきである。

.... 解　説 ....

　ハラスメント事案は、録音や録画、メール等のやり取りが保存されている場合を除き、客観的な証拠に乏しい類型の事案である。そのため、ヒアリングにおいて、当事者双方から具体的な事実関係を聞き出し、丁寧な事実認定をする必要がある（ヒアリングにおける一般的な注意点については、Q19の解説を参照されたい）。

　特に注意すべきなのは、「評価ではなく事実」を「できる限り具体的に」ヒアリングをする、ということである。

　例えば、通報者から、以下のような話をヒアリングで確認したとする。

　この前、発注ミスをしたことが原因で、部長から注意をされました。部長は、みんなの前で、何回も何回もおんなじことを言い、長い時間注意をされました。私の言うことについては聞く耳を持たないという感じでした。大きな声も出されましたし、今にも殴りかかられそうになりました。

　このようなヒアリング結果からすると、部長の言動はパワーハラスメン

152

トに該当しそうな印象も受けるが、実は「評価」ばかりの話になっており、「事実」があいまいなレベル感でしか聞き出せていない。つまり、「具体的な事実関係」がイメージしづらいヒアリング結果となっている。この事案では、例えば、次のように、「事実」を聞き出すヒアリングをすべきであろう。

不十分なヒアリング	望ましいヒアリング
この前、発注ミスをしたことが原因で、部長から注意をされました。	3月4日に私が発注ミスをしたことが原因で、部長から●●という注意を受けました。
部長は、みんなの前で、何回も何回もおんなじことを言い、長い時間注意をされました。	部長は、執務室でほかにも同僚が4名（Aさん、Bさん、Cさん、Dさん）のいる前で、「何でこんなこともできないんだ」と、2〜3回繰り返し言われました。時間にして大体20〜30分位でした。
私の言うことについては聞く耳を持たないという感じでした。	私がミスの原因について話そうとすると、私の話を遮って、「いや、そういうことを聞いているんじゃない」と言われ、「●●」と言われることが2〜3回ありました。
大きな声も出されましたし、今にも殴りかかられそうになりました。	この発言のときは、部屋の反対側に座っていたDさんにも聞こえるくらいの大きな声でした（直後にDさんから●●と言われました）。それまで部長は座っていましたが、「さっさと取引先に行って謝ってこい！」と言ったときは、椅子から急に立ち上がって、椅子が背後の壁にぶつかりました。

　このような具体的事実に迫るヒアリングをするためには、ヒアリングメモや調査報告書に当該事実を記載することを想定して、1句ずつ検証すると、例えば「この前」ではあいまいに過ぎることに気付くことができるはずである。

セクシャルハラスメントの被害者からの内部通報を受け付け
たが、被害者から、調査をしないで欲しい、加害者や周辺者に通報が
あったことやその内容を伝えないで欲しいと要望された場合はどうす
るか

A 特にセクシャルハラスメント事案の場合は、二次被害を防止するた
めにも、調査するかどうか、加害者や周辺者に通報があったことやそ
の内容を伝えるかどうかについては、被害者の意向を最大限に尊重す
べきである。ただし、被害者ともよく相談し、何らかの工夫をした上
で調査を進めることができないか模索すべきである。

········· 解 説 ···

　Q4で述べたとおり、一般論としては、通報者の同意が得られない限り
調査を行ってはならない、ということではなく、通報内容が重大なもので
あればあるほど、通報者の同意が得られなくても調査を行わなければなら
ない事案はあると考えられる。もっとも、特にセクシャルハラスメント事
案の場合は、被害者は精神的にも疲弊しており、傷つきやすくなっている
し、できるだけ穏便に解決したいと考える被害者もいることからすれば、
被害者の気持ちにも十分に配慮する必要がある。もし被害者が調査を望ん
でいない場合や、加害者や周辺者に通報があったことやその内容を伝えて
欲しくないと考えている場合に、これに反して調査を進めたり、加害者や
周辺者に通報があったことやその内容を伝えたりすると、通報対応自体が
被害者へのさらなる精神的負担となり、また、加害者による被害者への報
復行為等に発展してしまう可能性がある。このような二次被害の発生を防
止するためにも、特にセクシャルハラスメント事案の場合は、たとえ事案
が重大なものであったとしても（例えば強制わいせつ罪に該当し得るような
事案であっても）、調査するかどうか、加害者や周辺者に通報があったこと

やその内容を伝えるかどうかについては、被害者の意向を最大限に尊重すべきである。

　もっとも、被害者が調査等に同意をしないということでその後の調査等をしない場合には、不適切な事象が改善されないままになってしまう可能性もある。そのため、このような要望を受けた通報窓口担当者としては、被害者ともよく相談し、何らかの工夫をした上で調査を進めることができないか模索すべきである。

　例えば、被害者が申告しているセクシャルハラスメント事案が、①１対１の密室で行われたケースと、②複数の目撃者がいるケースの２種類があった場合には、①のケースについては調査をしないとしても、②のケースについては通報者（被害者）を秘匿したままで（目撃者が通報した可能性も残して）、調査を進めるという方法もあり得る。通報者（被害者）とも相談した上で、このような方向性での調査や、加害者・周辺者のヒアリングをすることについて、同意をしてもらうことが考えられる。また、どうしても同意が得られない場合であっても、通報内容の重大性に照らし、被害者の異動等、加害者へのアクションを必要としない措置を検討することが職場環境の維持のためには必要である。

　なお、周辺者からのセクシャルハラスメント事案に係る内部通報を受け付けた場合にも、自身は通報していなくとも、上記と同様に被害者の意向を確認し、これを最大限尊重すべきである。

(2)　経営幹部関係事案

Q 48　経営幹部が関与する事案について内部通報がなされた際、調査チームはどのような観点で構成すべきか

A　事案の内容や経営幹部の関与の程度などに応じて、社外取締役・監

査機関によるモニタリング、社外役員を中心とした調査チーム、社外
役員と外部の専門家による調査チーム、外部の専門家のみによる調査
委員会などの体制についても検討すべきである。

········· 解　説 ··

　一般的に、調査チームを構成するメンバーは、被通報者からの独立性・
中立性が求められる。もっとも、経営幹部の関与が疑われる事案の場合、
従業員は、被通報者である経営幹部からの独立性・中立性を確保すること
が困難な場合が多い。そのため、例えば、調査担当者を、社外窓口を担当
する外部の弁護士を中心とするメンバーとする方法を検討することや、社
外取締役・監査機関からモニタリングを受けながらコンプライアンス部門
等の業務執行機関が調査をする方法や、業務執行機関から独立している社
外役員（社外取締役や社外監査役）を責任者とした調査チームを組成する方
法が考えられる。また、事案の内容や経営幹部の関与の程度などに応じ
て、より独立性・中立性が求められるというケースにおいては、社外役員
と外部の専門家（弁護士や公認会計士など）が調査チームを組成することも
考えられるであろう。

　さらに、事案によっては、社外役員は調査チームのメンバーとはならず
に、外部の専門家だけで調査委員会を設置することが望ましいケースもあ
る。なお、「不祥事対応プリンシプル」では「内部統制の有効性や経営陣
の信頼性に相当の疑義が生じている場合、当該企業の企業価値の毀損度合
いが大きい場合、複雑な事案あるいは社会的影響が重大な事案である場合
などには、調査の客観性・中立性・専門性を確保するため、第三者委員会
の設置が有力な選択肢となる」としている。

Q 49

経営幹部による不正が疑われる事案について、社外取締役・監査機関からモニタリングを受けながら調査するというのは、具体的にどのような体制とすればよいか

A 社外取締役・監査機関に対して通報内容の詳細、全体的な調査計画、ヒアリング対象者の選定理由やヒアリング結果等を報告し、経営幹部による圧力がかかっていないかなどをチェックする体制とすることが考えられる。

········ 解 説 ········

経営幹部による不正が疑われる事案では、指針第4－1－(2)により、独立性確保措置を講じることが求められる。指針解説第3－Ⅱ－1－(2)－③では、独立性確保措置の具体例として、公益通報対応業務の実施・遂行に関して、社外取締役や、監査役・監査等委員会などの企業の監査機関（以下「監査機関等」という）への報告を義務付けたり、これらの者によるモニタリングを受けたりすることにより、公益通報対応業務の実施・遂行に対する経営幹部による干渉を防止することが挙げられている。

より具体的には、経営幹部の関与が疑われる事案が通常窓口に通報され、その後の調査もコンプライアンス部などの業務執行ラインで実施されるという場合を想定すると、次のようなモニタリング体制が考えられる。

まず、調査担当者から、監査機関等に対して以下の事項を報告することとする。

・通報内容の詳細

・全体的な調査計画

・客観的な証拠の収集方法・状況

・ヒアリング対象者

・ヒアリング対象者の選定理由

・ヒアリングの結果

　これにより、監査機関等において、その後継続的に、客観的な証拠の収集やヒアリング対象者などの選定は十分なものといえるか、証拠収集やヒアリングに当たり経営幹部による圧力がかかっていないかなどをチェックして、適正に調査が遂行されているかどうかをチェックしていくことが考えられる。

　また、もし調査に際して経営幹部による圧力が認められる場合には、監査機関等が経営幹部による圧力を排除すべく、経営幹部への注意や警告等適切な措置を講ずることが考えられる。

Q 50　モニタリング業務を担当する監査機関等について、従事者指定をすべきか

 従事者指定をすべきである。

········· 解　説 ···

　従事者指定をすべき対象は、「内部公益通報受付窓口において受け付ける内部公益通報に関して公益通報対応業務を行う者であり、かつ、当該業務に関して公益通報者を特定させる事項を伝達される者」である（指針第3-1参照）。また、指針解説第3-Ⅰ-1-③は、「内部公益通報の受付、調査、是正に必要な措置の全て又はいずれかを主体的に行う業務及び当該業務の重要部分について関与する業務を行う場合」に「公益通報対応業務」に該当するとしている。

　この点、Q49の解説で述べたようなモニタリング業務を担当する監査機関等については、経営幹部が影響力を行使することで公益通報対応業務が適切に行われないという事態を防ぐためにモニタリング業務を行うのであって、このような業務は、法11条2項の体制整備義務との関連でも重要

158

な業務であるといえよう。そのため、このような業務は、内部公益通報に係る調査業務等について、「重要部分について関与する業務」を行っているといえる（そのような実質を備えるようなモニタリング業務を行うべきともいえるだろう）。消費者庁Q&Aでも、「事業者の業務の適法性等（内部通報対応業務が公益通報者保護法を遵守しているかを含む。）の監査を業務とする監査役が、内部公益通報について報告を受ける場合に、公益通報対応業務に主体的に関与せず、かつ重要部分に関与しないと評価されることは基本的には想定しがたい」ため「原則として従事者に指定する必要がある」と指摘されている（消費者庁Q&A「従事者に関するQ&A」Q6）。

したがって、経営幹部からの独立性を確保するためにモニタリング業務を行う監査機関等についても、通報者を特定させる事項が共有される等その他の従事者指定の要件を満たすのであれば、従事者指定をすべきであろう。

Q 51　モニタリング業務を担当する監査機関等は、監査機関等の全員とすべきか、一部だけでも足りるか

A　会社の規模や事案に応じて、監査機関等の一部の者のみがモニタリング業務を担当することとし、これらの者のみを従事者指定することでも足りる。

········ 解　説 ········

Q50の解説のとおり、モニタリング業務を担当する監査機関等については従事者指定をすべきである。次に、監査機関等の全員を従事者指定して、全員でモニタリング業務を行うべきか。

まず、あらかじめ、監査機関等の構成員のうち、モニタリング業務の担当者を一部の者にするか、全員とするかを、協議して決定しておくことが

考えられる。このとき、企業の規模、従業員の数、これまでの通報案件の実績、企業活動におけるリスクの内容及び程度等を総合的に考慮して、モニタリング業務の担当者を一部に限るのか、全員とするのかを、協議して決定することになろう。この協議については、担当する監査機関等の構成員による協議（例えば、監査役がモニタリングをするという制度設計の場合であれば監査役全員または監査役会による協議）によって決定することになろう。

　また、事案ごとにモニタリング業務の担当者を協議して決定するという方法もあろう。監査機関等のうち、一部の者によるモニタリング業務で独立性確保措置として十分であるという事案であれば一部の者のみを従事者指定すればよいし、独立性確保措置を十分に講じるためには全員によるモニタリングとした方がよい事案であれば、全員を従事者指定することになろう。

　なお、監査等委員会設置会社における監査等委員については、監査役設置会社・監査役会設置会社における監査役とは異なり、「独任制」とはされていないため、一部の監査等委員を従事者指定することが可能であるのかが問題となる。会社法では、監査等委員会の決議事項は特に法定されていないが、監査等委員のうち誰をモニタリング業務の担当者とするかについては、監査等委員会における決議が必要であろう。監査等委員会において、監査等委員のうち一部のみをモニタリング業務の担当者とするのか、全員をモニタリング業務の担当者とするのかを検討した上で、監査等委員会で決議をし、業務執行側に報告することが考えられるであろう。なお、従事者指定権限については、内部通報に関する内部規程等において定めておく必要がある。

(3) 内部告発事案

法において、行政機関通報（2号通報）や外部通報（3号通報）はどのように位置付けられているか

A 法は、行政機関通報（2号通報）や外部通報（3号通報）が行われた場合の保護要件を定めており、企業をはじめとする事業者に対し、これらの通報との関係でも公益通報者を保護する体制の整備を求めている。

········· 解 説 ·········

　法は、労働者である公益通報者と役員である公益通報者に分けて、「処分等の権限を有する行政機関」に対する公益通報である行政機関通報（2号通報）や、「その者に対し当該通報対象事実を通報することがその発生又はこれによる被害の拡大を防止するために必要であると認められる者」に対する公益通報である外部通報（3号通報）が行われた場合の保護要件をそれぞれ定めている（労働者は法3条、役員は法6条参照）。なお、総じていえば、労働者である公益通報者と役員である公益通報者のいずれについても、行政機関通報（2号通報）の方が、外部通報（3号通報）よりも、保護要件のハードルは低く設定されている。

　そして、労働者である公益通報者による行政機関通報（2号通報）については、令和2年改正により、通報対象事実が生じ、若しくはまさに生じようとしていると思料する場合であっても（すなわち、通報対象事実が生じ、若しくはまさに生じようとしていると信ずるに足りる相当の理由がある場合でなくても）、法3条2号イからニに定める事項を記載した書面（電磁的方式等によるものを含む）を提出すれば、その保護要件を満たすこととされた。いずれにせよ、法が行政機関通報（2号通報）や外部通報（3号通報）の

保護要件を定めている以上、当該要件を満たす公益通報者に対し、当該通報を理由とした不利益取扱いが行われることがないよう留意する必要がある。

　また、令和2年改正により、法11条2項は体制整備義務を定めたところ、指針第4-2は、内部公益通報が行われた場合に限ることなく、公益通報者を保護する体制の整備として、不利益取扱いの防止に関する措置及び範囲外共有等の防止に関する措置をとらなければならないと定めている。そして、指針解説第3-Ⅱ-2-(1)-③は、遵守事項の1つとして「法第2条に定める「処分等の権限を有する行政機関」や「その者に対し当該通報対象事実を通報することがその発生又はこれによる被害の拡大を防止するために必要であると認められる者」に対して公益通報をする者についても、同様に不利益な取扱いが防止される必要があるほか、範囲外共有や通報者の探索も防止される必要がある」と明示的に定めている。そのため、法において、行政機関通報（2号通報）や外部通報（3号通報）であっても、体制整備義務の一環として、不利益取扱いの防止に関する措置及び範囲外共有等の防止に関する措置をとらなければならないことに留意する必要がある。

Q 53　行政機関通報（2号通報）が行われた場合、どのような対応を行う必要があるか

Ａ　通報者の探索が行われたり、範囲外共有が行われたり、通報を理由とした不利益取扱いが行われたりしないよう留意する必要がある。

········· 解　説 ···

　まず、行政機関通報（2号通報）が行われると、行政機関の担当者から企業において行政機関対応を担当する部門の担当者に対して連絡がなさ

れ、必要な調査を求められる場合が多いが、この部門は内部通報窓口が設置されている部門（以下「内部通報窓口設置部門」という）ではないことが多く、その担当者も内部通報の取扱いに慣れていない者であることが多い。この行政機関からの連絡は、一般的に行政機関通報（2号通報）を行った者の氏名等を明らかにせずに行われることが多いが、当該部門や当該担当者が内部通報の取扱いに慣れていないと、この段階で、行政機関通報（2号通報）を行った者の探索が行われたり、範囲外共有が行われたりする可能性が高い。そのため、企業としては、行政機関対応を担当する部門及びその役職員に対し、行政機関通報（2号通報）が行われた場合に、探索を行ったり、範囲外共有を行ったりすることがないよう、日頃からの教育を含めて、周知徹底する必要がある。

次に、行政機関通報（2号通報）に関する調査を適切に行うためには、行政機関対応を担当する部門から内部通報窓口設置部門に対して行政機関通報（2号通報）に関する情報を連携することが考えられる。なぜなら、内部通報窓口設置部門は、一般的に通報事案の取扱いに慣れており、その経験を行政機関通報に関する調査に当たり活用できる可能性が高く、また、前述した体制整備義務も踏まえた適切な対応をとることが期待できるからである。その上で、情報連携を受けた内部通報窓口設置部門が、主体となって行政機関通報（2号通報）に関する調査の方針を検討することが考えられる。

なお、行政機関通報（2号通報）に関する連絡を受けた時点や、その後の調査を行う過程において、行政機関通報（2号通報）を行った者が特定される場合もあるが、法が定める行政機関通報（2号通報）に関する保護要件を満たす場合は[10]、その者に対して行政機関通報（2号通報）を行ったことを理由とした不利益取扱いを行ってはならないし、仮に当該保護要件を満たしていない場合であっても、保護要件を満たさない限り不利益取扱いを行っても構わないという反対解釈は許容されていないので[11]、原則と

して行政機関通報（2号通報）を行ったことを理由とした不利益取扱いを行うべきではない。

Q 54 外部通報（3号通報）が行われた場合、どのような対応を行う必要があるか

A 通報者の探索が行われたり、範囲外共有が行われたり、通報を理由とした不利益取扱いが行われたりしないよう留意する必要がある。

········ 解　説 ··

まず、外部通報（3号通報）が行われると、例えば、当該通報を受けた報道機関の担当記者から企業において報道機関対応を担当する部門の担当者に対して連絡がなされ、調査を行う必要がある場合も考えられるが、この部門は内部通報窓口設置部門ではないことが多く、その担当者も内部通報の取扱いに慣れていない者であることが多い。この報道機関からの連絡は、一般的に外部通報（3号通報）を行った者の氏名等を明らかにせずに行われることが多いが、当該部門や当該担当者が内部通報の取扱いに慣れていないと、この段階で、外部通報（3号通報）を行った者の探索が行わ

10　法3条2号は、労働者による行政機関通報（2号通報）の保護要件について、真実相当性が要件となる場合と要件とならない場合の2種類を定めているが、行政機関の担当者からいずれの場合に当たるのかについて説明を受けることができないと、企業は保護要件を満たすかどうかを判断できないという悩ましさを抱えることも考えられる。そのため、行政機関の担当者から、行政機関通報（2号通報）を行った通報者の保護に支障を来さない範囲で、真実相当性が要件となる場合と要件とならない場合のいずれに当たるのかについて説明を受けられることが望ましい。

11　法8条の解釈規定と、法制定時の2004年5月21日の衆議院内閣委員会における附帯決議においては、「本法の保護の対象とならない通報については、従来どおり一般法理が適用されるものであって、いやしくも本法の制定により反対解釈がなされてはならない」旨が、また、同年6月11日の参議院内閣委員会における附帯決議においては、「本法による保護対象に含まれない通報については従来どおり一般法理が適用されるものである」旨が、それぞれ指摘されている点を参照されたい。

れたり、範囲外共有が行われたりする可能性が高い。そのため、企業としては、例えば、報道機関対応を担当する部門及びその役職員に対し、外部通報（3号通報）が行われた場合に、探索を行ったり、範囲外共有を行ったりすることがないよう、日頃からの教育を含めて、周知徹底する必要がある。

　次に、外部通報（3号通報）に関する調査を適切に行うためには、報道機関対応を担当する部門から内部通報窓口設置部門に対して外部通報（3号通報）に関する情報を連携することが考えられる。なぜなら、内部通報窓口設置部門は、一般的に通報事案の取扱いに慣れており、その経験を外部通報に関する調査に当たり活用できる可能性が高く、また、前述した体制整備義務も踏まえた適切な対応をとることが期待できるからである。その上で、情報連携を受けた内部通報窓口設置部門が、主体となって外部通報（3号通報）に関する調査の方針を検討することが考えられる。

　なお、外部通報（3号通報）に関する連絡を受けた時点や、その後の調査を行う過程において、外部通報（3号通報）を行った者が特定される場合もあるが、法が定める外部通報（3号通報）に関する保護要件を満たす場合は、その者に対して外部通報（3号通報）を行ったことを理由とした不利益取扱いを行ってはならないし、仮に当該保護要件を満たしていない場合であっても、法が定める保護要件を満たさない限り不利益取扱いを行っても構わないという反対解釈は許容されていないので[12]、原則として外部通報（3号通報）を行ったことを理由とした不利益取扱いを行うべきではないであろう。

12　脚注11参照。

Q 55

行政機関通報（2号通報）や外部通報（3号通報）には該当しない内部告発が行われた場合、どのような対応を行う必要があるか

A 　法が適用されない内部告発が行われた場合であったとしても、慎重な対応を行うよう留意する必要がある。

.... 解　説 ....

　「処分等の権限を有する行政機関」や「その者に対し当該通報対象事実を通報することがその発生又はこれによる被害の拡大を防止するために必要であると認められる者」に対して内部告発が行われたとしても、例えば、法2条3項に定める「通報対象事実」に該当しないものや、保護要件を充足しない公益通報である場合は、行政機関通報（2号通報）や外部通報（3号通報）としての法による保護の適用を受けないことになる。

　しかし、法が適用されない内部告発であったとしても、これに対して不利益取扱いを行っても構わないという訳ではなく、従来どおり一般法理が適用されることになり[13]、不利益取扱いが許されない場合もある。そして、この一般法理とは、明確な要件を定めることができるものではないため、慎重な対応を行うよう留意する必要があると考えられる。

Q 56

内部告発を行った役職員について、守秘義務違反や情報漏えいを理由として懲戒処分等を行うことはできるか

A 　法が定める保護要件を満たす行政機関通報（2号通報）や外部通報（3号通報）を行った役職員については、守秘義務違反や情報漏えい

13　脚注11参照。

を理由として懲戒処分等を行うことはできないと考えられるし、また、法が定める要件を満たさない内部告発を行った役職員についても、かかる理由により懲戒処分等を行うことには慎重な判断が求められる。

.... 解 説 ....

　内部告発は、企業の役職員が行政機関や報道機関等に対して企業の問題を明らかにする行為であるため、企業内の情報や資料を企業の承諾を得ずに行政機関や報道機関等に対して提供することになる。そのため、これらの情報や資料の提供行為は、形式的には、企業の役職員が企業に対して負っている守秘義務に違反したり、情報漏えいに該当したりする行為といえる。

　しかし、内部告発に必然的に伴う情報や資料の提供行為について、それを理由として懲戒処分や損害賠償請求等を行うとすると、法が定める保護要件を満たす行政機関通報（2号通報）や外部通報（3号通報）に該当する内部告発であった場合には、当該通報を理由として不利益取扱いを行ったことにほかならないと解され得る[14]。そのため、法が定める保護要件を満たす行政機関通報（2号通報）や外部通報（3号通報）を行った役職員による当該通報に必然的に伴う情報や資料の提供行為について、守秘義務違反や情報漏えいを理由として懲戒処分や損害賠償請求等を行うことはできないと考えられる。

　また、法が定める要件を満たさない内部告発を行った役職員についても、従来どおり一般法理が適用されることになり[15]、不利益取扱いが許されない場合もありうる。そのため、法が定める要件を満たさない内部告発を行った役職員による当該告発に必然的に伴う情報や資料の提供行為につ

14　令和2年改正により損害賠償の制限が明示的に定められることになった（法7条参照）。

15　脚注11参照。

いて、守秘義務違反や情報漏えいを理由として懲戒処分や損害賠償請求等を行うことには慎重な判断が求められる。

6　不利益取扱いの禁止

どのようなものが不利益取扱いに当たるか

A　不利益取扱いとしては、通報を理由としてなされる、解雇、降格、減給、退職金不支給等の懲戒処分その他の処分等に限られず、例えば、人事権や業務命令権に基づく行為や、事実上の行為も含まれる。

········· 解　説 ···

　法の主たる目的が公益通報者を保護することにある以上、公益通報者が公益通報をしたことを理由になされる解雇を無効とし、また、その他の不利益取扱いを禁止することは、この法律の中核をなす。そのため、以下のとおり、公益通報をしたことを理由とする公益通報者に対する不利益取扱いの無効や禁止が定められている。

---

①　解雇の無効（法3条）、降格、減給、退職金の不支給その他不利益な取扱いの禁止（法5条1項）

②　派遣労働者である公益通報者に対する労働者派遣契約解除の無効（法4条）、派遣労働者の交代を求めることその他不利益な取扱いの禁止（法5条2項）

③　役員である公益通報者に対する報酬の減額その他不利益な取扱いの禁止（法5条3項）

---

④　公益通報によって損害を受けたことを理由とする損害賠償の制限（法7条）

　さらに、指針解説第3－Ⅱ－2－⑴－③では、不利益取扱いの内容として、上記①〜④を含め、以下のようなものが考えられると定められている。

・労働者等たる地位の得喪に関すること（解雇、退職願の提出の強要、労働契約の終了・更新拒否、本採用・再採用の拒否、休職等）
・人事上の取扱いに関すること（降格、不利益な配転・出向・転籍・長期出張等の命令、昇進・昇格における不利益な取扱い、懲戒処分等）
・経済待遇上の取扱いに関すること（減給その他給与・一時金・退職金等における不利益な取扱い、損害賠償請求等）
・精神上・生活上の取扱いに関すること（事実上の嫌がらせ等）

　このように、不利益取扱いとしては、解雇や降格、減給といったものに限られず、無視する、仕事を与えない、といった事実上の嫌がらせ等を含むものである。なお、不利益取扱いの防止の検討に当たっては、実際のところ、社内手続を要する解雇・減給等の人事上の措置よりも、このような事実上の嫌がらせの方がなされやすいことに留意しなければならない。

Q 58　不利益取扱いを防止するためにどのような措置をとればよいか

Ⓐ　内部規程において通報を理由としてなされる不利益取扱いを禁止し、かつ、その旨を適切に教育・周知するとともに、通報者が不利益取扱いを受けていないかを把握するための措置、不利益取扱いを受け

た者に対する適切な救済・回復の措置、不利益取扱いを行った者に対する懲戒処分その他適切な措置等をとることが求められる。

.... 解 説 ....

　通報を理由として不利益取扱いがなされる懸念があると、内部通報制度に対する信頼は損なわれ、自らの身を守るために通報が躊躇されることが想定される。このような事態を避けるため、企業は、通報を理由とする不利益取扱いを防止するための措置をとる必要がある。

　具体的な措置としては、内部規程において通報を理由としてなされる不利益取扱いを禁止することはもちろん、これが実効的に機能するような措置が求められる。

　この点、指針第4−2及び指針解説第3−Ⅱ−2−(1)−③では、次のように定められている。

---

①　事業者の労働者及び役員等が不利益な取扱いを行うことを防ぐための措置
・労働者等及び役員に対する教育・周知
・内部通報受付窓口において不利益な取扱いに関する相談を受け付けること
・被通報者が、通報者の存在を知り得る場合には、被通報者が通報者に対して解雇その他不利益な取扱いを行うことがないよう、被通報者に対して、その旨の注意喚起をする等の措置を講じ、通報者の保護の徹底を図ること
②　通報者が不利益な取扱いを受けていないかを把握する措置
・通報者に対して能動的に確認する
・不利益な取扱いを受けた際には内部通報受付窓口等の担当部署に連絡するようその旨と当該部署名を通報者にあらかじめ伝えておく

---

③　不利益な取扱いを受けた者に対する適切な救済・回復の措置

・不利益な取扱いとして、異動の措置を受けた者がいるのであれば、その異動を取り消す

④　不利益な取扱いを行った者に対する懲戒処分その他適切な措置

　①における被通報者に対する注意喚起に関しては、例えば、被通報者に対するヒアリングの際に、通報者の探索や通報者に対する不利益取扱いは禁止されていることを説明して、このような行為を行わないようにと釘を刺しておくことが対応の1つとして考えられる。その際、通報者の探索や通報者に対する不利益取扱いを行わないことについての誓約書に署名・押印を求めることも考えられる。

　また、②に関しては、通報者の心情に照らせば、通報を理由として不利益取扱いを受けた場合に、これを自ら通報することは必ずしも容易ではないだろう。そのため、通報者に対して連絡を入れるなどして、通報者の様子を積極的に確認することが有効である。

　これらは、あくまでも考えられる措置の1つのメニューに過ぎないため、企業ごとに、適切な体制を整備する必要があるが、不利益取扱いを防止するための措置を徹底することで、通報を理由とする不利益取扱いを許さないという姿勢を示すことが、内部通報制度の信頼を確保するために肝要である。

Q 59　防止するのは通報者に対する不利益取扱いのみで足りるか

Ａ　通報者に対する不利益取扱いだけでなく、調査協力者に対する調査協力を理由としてなされる不利益取扱いも同様に防止するための措置をとることが適切である。

　不利益取扱いを禁止することの意義は、通報を理由とする不利益取扱い
がなされる懸念があると、内部通報制度に対する信頼は損なわれ、自らの
身を守るために通報が躊躇されることが想定されるところ、このような事
態を避けることにある。

　かかる不利益取扱いについては、通報者についてのみ防止すれば足りる
というわけではなく、調査協力者についても通報者と同様、不利益取扱い
がなされないようにする必要がある。なぜなら、調査に協力したことを理
由として調査協力者に不利益取扱いがなされる懸念があると、自らの身を
守るため、調査への協力が躊躇されることが想定されるからである。この
点、調査が十分になされないとすると、内部通報に係る問題が適切に処理
されず、内部通報制度が機能しないこととなり、やはり内部通報制度に対
する信頼が損なわれてしまうのである。

　この点、指針解説第3－Ⅱ－2－(1)注釈25において、「調査協力者に対
しても、調査に協力をしたことを理由として解雇その他の不利益な取扱い
を防ぐ措置をとる等、本項の定めに準じた措置を講ずることが望ましい」
と指摘されているのは、このような趣旨によるものである。

　なお、調査協力者に対する不利益取扱いの防止のための具体的な措置と
しては、通報者に対する不利益取扱いを防止するための措置と同様のもの
を整備することが適切である。

Q 60 職制上のレポーティングラインにおける通報対応フローはどのように定めればよいか

A 職制上のレポーティングラインにおける内部通報を受けた上長等がその対応に当たり参考とできる程度に、通報対応における行動指針を具体的に定めておくことが重要である。

……… 解　説 ………

　職制上のレポーティングラインにおいて、部下から法令等違反行為に関して相談・通報を受けた場合、コンプライアンス上、それを放置してはならないことはいうまでもない。もし相談・通報を受けた上長等が放置すれば、法令等違反行為が是正されないばかりか、放置したという姿勢それ自体が問題とされ、法令等違反行為について内部告発が行われるリスクを高めることにもなる。

　そのため、部下から法令等違反行為に関して相談・通報を受けた場合には、その有無・内容に関する調査を行わなければならない。この調査は、内容に応じて、相談・通報を受けた上司等が自ら行う場合もあれば、適任者に依頼して行ってもらう場合もある。

　もっとも、職制上のレポーティングラインにおける内部通報は、日常的な業務における報告系統の中に組み込まれるものであるため、これを受けた上長等がその対応に当たり参考とできる程度に、以下のような事項について、具体的に検討しておくとよい。

・職制上のレポーティングラインにおいて内部通報を受けた際に内部通報制度を管掌する部署への報告基準・フロー
・職制上のレポーティングラインにおいて受けた内部通報につき、自ら調査するか否かの判断基準・フロー
・職制上のレポーティングラインにおいて受けた内部通報につき自ら調査する場合の基本的な調査手法・留意点
・調査の結果、問題のある事実が確認できた際の報告・是正措置に係る判断基準・フロー
・職制上のレポーティングラインにおいて受けた内部通報に関して情報共有が許される範囲
・調査や是正措置に当たり関連部署への各種相談を行うべきこと

　例えば、職制上のレポーティングラインにおいて内部通報を受けた場合は、必ず内部通報制度を管掌する部署等に報告し、対応方針について確認することを必須とするという建付けも考えられるし、企業に与える影響が大きいと考えられる法令上の問題を列挙し、列挙事項については内部通報制度を管掌する部署等に報告し、その他については各上長等に対応を委ねるという建付けも考えられるだろう。

Q 61 職制上のレポーティングラインにおける内部通報を受けた上長等から、内部通報制度を管掌する部署に相談がなされた場合、どのように対応すればよいか

A 通報者の意向や通報内容の重大性・通報対応の困難性その他諸般の事情に照らして、当該上長等において通報対応を進めていくのか、内

部通報制度を管掌する部署等において主導的に通報対応を進めていくのか等を検討すべきである。

········ **解　説** ···

職制上のレポーティングラインにおける内部通報を受けた上長等から、内部通報制度を管掌する部署に相談がなされた場合、当該通報に対してどのように対応すべきかは、諸般の事情に照らして検討することになるが、判断の重要な要素としては、通報者の意向と通報内容の重大性・通報対応の困難性の2点が挙げられる。

まず、通報者の意向についてであるが、通報者としては、内部通報制度も利用できた中で、あえて上長等に通報したという状況からすると、通報内容について、他部署も巻き込んだ大掛かりなことにはしたくないと考えていることや上長等に相談・通報した方が適切に対処されると考えていることも想定される。そのため、通報者が上記のように考えているかもしれないことを踏まえて、上長等から、内部通報制度を利用して対応を進めていくことも可能である旨を伝えてもらい、通報者の意向を確認することが適切である。通報者の意向を確認し、通報者が内部通報制度を利用することまでは望んでいないとすれば、基本的には、上長等において通報対応を進めていくことになるが、その場合にも、通報内容に応じた適切な部署と連携しながら通報対応を進めることが望ましいだろう。

これに対し、通報者が内部通報制度を利用することまでは望んでいないとしても、通報内容の重大性の程度や、上長等では調査などの通報対応が困難であるかどうかなどに照らし、内部通報制度を管掌する部署等が主導的に通報対応すべき場合も考えられる。例えば、通報内容が企業に大きな影響を及ぼすおそれのある重大なものであったり、関係者が多数で、かつ、複数の部署にわたるなど、上長等によっては通報対応が困難なものであったりするような場合には、適切な通報対応を果たすことによってリスクをコントロールする必要がある。このような場合には、通報者に対して

理由を丁寧に説明して、通報者の意向に反しないよう努めて適切な通報対応を行うべきである。

Q 62 職制上のレポーティングラインに係る教育・周知としてどのようなことをすればよいか

Ⓐ 法令や社内規程の内容について説明するだけではなく、各上長等において、自らが内部通報に向き合う職責にあるという意識を抱かせ、主体的な取組みが求められていることを目的とした教育・研修が必要である。

········ 解 説 ········

職制上のレポーティングラインにおける通報は、日常的な業務における報告系統の中に組み込まれるものであり、当該通報を受けた上長等が適切に対応できないと、範囲外共有が行われたり、当該通報を理由とする不利益取扱いが行われたりしやすいため、当該通報を受ける立場にある上長等の意識を高めることが何よりも重要である。

したがって、職制上のレポーティングラインに係る研修を行う等して教育・周知を徹底し、役職員全体で、職制上のレポーティングラインにおける通報に対する理解・意識を高めることが極めて重要である。

このような観点からすれば、法令や社内規程の内容について理解するだけでなく、各上長等において、自らが内部通報に向き合う職責にあるという意識を十分に醸成する必要がある。このような意識を十分に醸成できるようにするためには、内部通報が身近なものであること、通報対応を適切に行うことが重要であること、逆に、通報対応を誤れば会社全体にとって大きな問題となり得ることを理解させる必要があり、具体的な事例も取り上げた研修を昇進時や異動時に実施したり、定期的に実施したりして、内

部通報の対応について主体的な取組みが求められていることを理解させることが極めて重要だろう。

---

8 | 国内子会社・グループ会社関係の通報

(1) グループ経営における内部通報システムの重要性

　企業が、子会社・グループ会社を含むグループとしての経営活動を重視する中において、子会社・グループ会社におけるリスク管理が、ますますその必要性と重要性を増している。

　例えば、実際に発生した企業不祥事のケースを分析すると、少なからぬ事案が子会社・グループ会社で発生している法令等違反行為であることが分かる。その原因としては様々なものが考えられるところであるが、例えば、親会社（本社）と比べ、コンプライアンスやリスク管理に関するルールが整備されていない場合、これらの業務に従事する人的リソースが不足する場合、ルールの周知徹底がなされていない場合などが典型的な原因と考えられる。そして、このような子会社・グループ会社で発生した法令等違反行為については、親会社に情報が伝達されないことが少なくない。子会社・グループ会社の経営者や担当者としては、親会社に情報が伝わると、責任を追及されるなど問題が大きくなるため、これを避け、事態の最小化を図ろうとするようなケースが想定される。

　親会社の立場としては、このような状況において、子会社・グループ会社で発生する法令等違反行為のリスク情報を早期に把握し、対応できる体制を構築することが重要である。つまり、実効性ある企業グループにおける内部通報システムの構築・運用は、このようなリスク情報取得の貴重な

チャネルなのである。

本項では、国内子会社・グループ会社（以下単に「子会社等」という）に関して解説し、10項で、海外子会社・グループ会社に関するグローバル通報制度について解説する。

(2)　子会社等関連通報への対応上の留意点

企業グループにおいて、子会社等を含む内部通報システムを構築・運用し、子会社等に関係する通報に対応する際の一般的注意点としては、以下のような点が考えられる。

ア　どの会社にとっての内部通報か

Q 63　子会社等の役職員から通報がなされた場合、まず何を検討すべきか

A　どの会社にとっての内部通報か、すなわち、親会社に関する通報、子会社等に関する通報、両方に関する通報のいずれかという観点で整理することが重要である。

········· 解　説 ···

まず、子会社等に関係する通報が、親会社や社外（弁護士や専門業者）に設置されたグループ共通窓口になされた場面では、当該通報がどの会社に関係する内容か、つまり、どの会社にとっての内部通報かを検討・確認することになる。これは、どの会社において誰が調査を担当すべきかを検討する上で必要となるし、これに加え、従事者指定を不足なく行う必要があるという意味でも重要となる。

この点、通報内容については、①親会社に関する通報、②子会社等に関する通報、③両方に関する通報の３とおりに整理することができる。

例えば、子会社等の従業員から通報がなされたとしても、その内容はもっぱら親会社の役職員による親会社における事象であることがある（①のケース）。典型的には、親会社と子会社等が取引関係にある場合に、親会社の役職員が子会社等に対し不当に不利な取引条件を強要したり、子会社等の担当者を個人的に追い詰めたりするなど、親会社の下請法違反やハラスメント行為に関する通報ということが考えられる。

　また、子会社等の従業員から、子会社等に関する通報が、親会社窓口やグループ共通窓口になされることもある（②のケース）。例えば、子会社等の役職員による部下に対するハラスメントという、子会社等の社内での事象に関する通報が典型である。このような事象でも、子会社等の社内で声を上げたり、相談したりすることが子会社等の人数規模や直接の人的関係故に困難であるような場合などには、親会社窓口やグループ共通窓口に通報がくることもままある。

　そして、親会社と子会社等の両方に関係する通報がなされる場合（ケース③）としては、例えば、親会社と子会社等にサプライチェーンとしての契約関係がある場合に、親会社の役職員と子会社等の役職員が結託し、不当に高い金額での契約を締結した上でキックバックを支払うなどしてそれぞれが個人的な利得を得ているといった内容の通報を、事情を知った国内子会社等の別の役職員が通報してきたり、あるいは、エスカレートする親会社役職員の要求に耐えられなくなって国内子会社等の当該役職員が通報してきたりする場合が考えられる。

イ　誰が調査を行うか

Q 64　国内子会社等の役職員からなされた通報について、主に調査を担当するのは誰と考えるべきか

A 原則は、親会社に関する通報、国内子会社等に関する通報、両方に関する通報のそれぞれについて、当該関連する会社の調査担当者と考えつつ、わざわざ親会社窓口やグループ共通窓口に通報されていることも踏まえ、親会社等の調査担当者が調査すべき状況ではないかも検討することになる。

········· 解　説 ··

　続いて、子会社等の役職員から親会社窓口や社外（弁護士や専門業者）に設置されたグループ共通窓口に通報されてきた場面では、当該通報について、誰が主に調査を担当していくのかを検討する必要がある。

　この点、アで検討したとおり、まずは当該通報が、①親会社に関する通報、②子会社等に関する通報、③両方に関する通報のいずれかを分析することになるが、その上で、原則としては、当該関連する会社の調査担当者が主に調査を担当することになる。例えば、①の親会社に関する通報であれば、当然、親会社の調査担当者が調査を進めていくことになると考えられる。また、③で親会社と子会社等の双方に関連する通報であれば、通常は親会社と子会社等の双方の調査担当者が調査を担当することになる。

　そして、②でもっぱら子会社等のみに関連する通報についても、通報者の意向に反しなければ、当該子会社等の調査担当者が調査を行うことも考えられる。

　もっとも、わざわざ親会社窓口やグループ共通窓口に通報されていることの意味を検討すると、例えば、子会社等内で声を上げたり、相談したりすることが子会社等の人数規模や直接の人的関係故に困難であるような場合なども少なくない。また、子会社等によっては、調査担当者について十分なリソースが確保できない場合も考えられる。このような場合、たとえ子会社等に関する事案であっても、特にそれが重要な内容、重大な違法行為であったり（例えば、子会社の役員が関連するような事案）、通報者の意向も踏まえたりした場合には、もっぱら親会社の調査担当者が調査を遂行し

ていくべき状況であると判断することも十分考えられる。また、子会社等の調査担当者が調査を遂行する場合においても、親会社として必要に応じ一定のモニタリング（随時概要の状況報告を受けるなど）を行い、仮に十分な対応ができていないことが窺われた場合には、途中からでも親会社の調査担当者も調査に加わるなどの対応をとることも考えられる。

ウ　誰にどこまでの情報を共有するか

Q 65　子会社等の役職員からなされた通報に関する調査対応において、誰にどこまでの情報を共有すべきか

A　例えば、それが子会社等に関する通報である場合、子会社等の調査担当者が調査を行う（あるいは調査に加わる）ことがあるが、その場合でも、通報を受け付けた親会社担当者から子会社等の調査担当者に情報を共有する際には、どこまでの情報を誰に共有してよいか、通報者への確認もしながら慎重に行う必要がある。

········· 解　説 ·········

　子会社等の役職員からなされた通報について調査対応を進める場合、Q64で整理したとおり、主に調査を担当するのがどの会社の担当者かを見極めた上、子会社等の担当者が調査を行う、あるいは、親会社担当者とともに調査に加わる場合には、通報を受け付けた親会社の担当者は、当該子会社等の調査担当者に情報を共有することになる。この際、親会社の担当者としては、どこまでの情報を子会社等の誰に共有してよいか、慎重に検討する必要がある。Q63のとおり、子会社等から親会社窓口やグループ共通窓口に通報がなされるケースは、子会社等内において、問題について声を上げたり、相談したりすることが子会社等の人数規模や直接の人的関係故に困難であるような場合なども少なくないため、このような状況で慎重な

検討なく、子会社・グループ会社の調査担当者に情報共有をすると、通報者が予期していなかった不利益取扱いを受けるなどの事態が発生しトラブルとなることも考えられる。このようなリスクについて最もよく理解し、回避できるのは通報者本人であるため、通報者への確認をしながら慎重に行うことが重要である。

　以上の点は、親会社内の社内窓口への通報のみならず、社外の弁護士や専門業者に設置されたグループ共通窓口への通報の場合でも同様である。この場合、親会社の担当者が通報を受け付け、情報を共有する状況と比べると、社外故に社内の状況や上記リスクなどへの配慮が及ばず、単に"子会社事案だから子会社に連絡すればよい"と考えてしまい、例えば通報者の希望を踏まえてその氏名のみを匿名化した上で他の情報をそのまま子会社等の調査担当者に情報共有する、というようなことのないように留意する必要がある。

　なお、子会社等の調査担当者への情報共有に際しては、従事者指定についても検討を行う必要がある（次項エで述べる）。

エ　従事者の追加指定

Q 66　子会社等の役職員からなされた親会社窓口やグループ共通窓口への通報対応において、従事者指定との関係は、どのような点に留意すればよいか

A　子会社等にとって従事者指定を行う必要がある通報であれば、通報者を特定させる情報の共有を受ける担当者について子会社等としての従事者指定がなされているかを確認することが必要である。

……… 解　説 …………………………………………………………………………
　子会社等に関する通報案件でも、従事者指定を漏らさずに行うことが重

要である。

　特に、親会社窓口において受け付けた子会社等に関する通報案件が、子会社等にとって従事者指定を行う必要のある案件であった場合に、親会社窓口の受付担当者のみならず、受付後に通報者を特定させる情報の共有を受ける者が、当該案件との関係で従事者指定がなされているかを確認しなければならない。

　この点、当該案件との関係で従事者指定がなされていない者（親会社の役職員の場合もあれば子会社等の役職員の場合もある）に対し、通報者を特定させる情報を共有しようとする場合には、あらかじめ子会社等としての従事者指定を行わなければならない。その際、子会社等の役職員であれば、通常は子会社等において従事者指定を行う権限を有する者により従事者指定を行うことになる。これに対し、例えば、子会社等に情報共有を行わず、親会社の調査担当者だけで当該案件の調査を行わなければならない場合に、子会社等としての従事者指定を行わなければならないことも考えられる。その場合には、例えば、あらかじめ親会社が子会社等から従事者指定を行える権限の付与を受けた上で、親会社において子会社等のための従事者指定を行う権限を有する者により従事者指定を行うことが考えられる。

オ　教育・周知

Q 67　子会社等を含む内部通報システムについて教育・周知を行う際には、どのような点に留意すればよいか

A　子会社等では、そのコンプライアンス・リスクの大きさに比して、コンプライアンスの取組みについての教育・周知が必ずしも十分なされていないことも多いため、子会社等の役職員も対象とした教育・周

知が必要である。その際、子会社等側では、教育・周知を担当できる知識や経験を備えた人材が存在しないようなケースなどでは、親会社側でこれらを行うことが重要である。

········· 解 説 ···

　子会社等を含む内部通報システムについての教育・周知について、指針解説は、「内部公益通報対応体制の利用者を労働者等及び役員以外に対しても広く認めている場合には（例：企業グループ共通のホットラインを設ける。）、その体制の利用者全て（例：子会社の労働者等及び役員）に対して教育・周知を行うことが望ましい」と述べている（第3－Ⅱ－3－(1)－④）。

　(1)で述べたとおり、子会社等におけるリスク管理がますますその必要性と重要性を増す一方で、このような子会社等で発生した法令等違反行為等のコンプライアンス上の問題について、親会社に情報が伝達されないことが少なくない現状を踏まえると、企業グループ経営において、内部通報システムを実効性ある形で構築・運用することが、リスク情報取得の貴重なチャネルとなっており、そのために子会社等の役職員を含む教育・周知がますます大きな意味を持つようになっている。

　この点、子会社等では、教育・周知を担当できる知識や経験を備えた人材が存在しないような場合などでは、親会社側でこれらを行うことが重要である。また、必ずしも人材不在のような場合でなくとも、親会社として、子会社等に対しコンプライアンスの重要性の強いメッセージと、子会社等内で解決が難しい問題は、親会社窓口やグループ共通窓口があるというグループガバナンスの観点でのメッセージをともに伝達できるという意味で、親会社側主導での研修は意味が大きいと考えられる。

9 | 取引先関係の通報

(1) 取引先関係の通報の重要性

　企業経営においてESG（環境、社会、ガバナンス）が重視される中、サプライチェーンの管理やコンプライアンスが多くの企業にとって重大な課題となっている。特に、社会（Social）の一環としてのビジネスと人権のテーマは年々その重要性を増すところであり、これに伴い、日本企業でも、自社のサプライチェーンにおける人権問題に対する意識が高まっている。

　また、大企業とスタートアップ企業の関係や発注者と受注者の関係などにおいて、優越的な地位の濫用や下請法違反などが指摘されるケースも少なくない。

　あるいは、いわゆる"循環取引"のような取引先を巻き込む事案、そして、より頻度が高く発生する取引先との間での架空・水増発注やそれに伴うキックバックなど、取引先が関与する形で発生する企業不祥事は後を絶たない。

　このように企業活動において、自社や自社グループのみならず、サプライチェーンや事業連携先などの取引先との関係におけるリスク管理が重要なテーマとなっている。

　そして、このように取引先との関係で発生するコンプライアンス上の問題については、自社や自社グループではない関係者が存在するなどのために、自社側に情報が伝達されないことが少なくないという問題がある。

　そのため、こういったリスクに対処する企業としては、取引先との関係で発生する法令等違反行為のリスク情報を早期に把握し、対応できる体制を構築することが重要である。つまり、実効性ある取引先関連の内部通報

システム（以下「取引先ライン」という）の構築・運用は、このようなリスク情報取得の貴重なチャネルなのである。

(2) 取引先ラインに関する注意点

取引先ラインを構築・運用し、取引先からの通報に対応する際の注意点としては、以下のような点が考えられる。

ア　どの会社にとっての内部通報か

Q 68　当社の取引先の役職員から通報がなされた場合、まず何を検討ずべきか

A　どの会社にとっての通報か、すなわち、当社に関する通報、取引先に関する通報、両社に関する通報のいずれかという観点で整理することが重要である。

········· 解　説 ··

まず、当社の取引先の役職員からの通報が当社になされた場面では、当該通報がどの会社に関係する内容か、つまり、どの会社にとっての通報かを検討・確認することになる。これは、どの会社において誰が調査を担当すべきかを検討する上で必要となるし、これに加え、当社の設置する通報窓口に通報された場合には、その内容に応じて従事者の指定を行う必要があるか否かを判断する上でも重要となる。

この点、通報内容については、①当社に関する通報、②取引先に関する通報、③両社に関する通報の3とおりに整理することができる。

例えば、当社の取引先の役職員から通報がなされていても、その内容は当該取引先と取引関係のある当社の役職員による事象であることがある（①のケース）。典型的には、当社と取引先との間に継続的契約関係がある

場合に、当社の役職員が取引先に対し不当に不利な取引条件を強要したり、取引先の担当者を個人的に追い詰めたりするような、当社役職員による取引先に対する下請法違反やハラスメントに関する通報ということが考えられる。

　また、当社の取引先の役職員から、当該取引先に関する通報が当社に通報されてくることもある（②のケース）。例えば、当社の取引先の役職員によるその部下に対するハラスメントという、取引先の社内での事象に関する通報が典型である。このような取引先の社内での事象については、そもそも取引先ラインで受ける対象事実に含めないこととして取引先ラインを設定している場合もあれば（あくまでも、取引先ラインは、当社の取引先から、当社に関する問題情報を指摘してもらうという整理である）、例えば、当社の取引先が小規模のサプライヤーであり、独自の内部通報制度を設けることが困難であるが、コンプライアンス体制の充実を求める観点で、当社の取引先の社内の事象まで当社で受けるという整理をして取引先ラインを設けている場合もあると思われる。

　そして、当社とその取引先の両社に関係する通報がなされてくる場合（ケース③）としては、例えば、サプライヤーである取引先との間で、両社の役職員が結託し、不当に高い金額での契約を締結した上でその一部をキックバックして本来の金額との差額を分け合うなどしてそれぞれが個人的な利得を得ているといった内容の通報を、その事情を知った当社の取引先の別の役職員が通報してきたり、あるいは、エスカレートする当社の役職員の要求に耐えられなくなって結託していた取引先の当該役職員が通報してきたりする場合が考えられる。

イ 誰が調査を行うか

Q 69 当社の取引先の役職員から当社になされた通報について、主に調査を担当するのは誰と考えるべきか

A 通常、当社に関する通報については当社において、取引先に関する通報については取引先において調査を行うことになるが、例えば、取引先が重要なサプライヤーであり、サプライヤー契約において、当社によるサプライヤーに対する立入調査等の権限が規定されているような状況では、サプライヤーに関する事案でも当社として調査を行うことも考えられる。当社と取引先の両社に関する通報であれば、当社と取引先が連携して調査を行うことになると考えられる。

········ 解 説 ··

当社の取引先の役職員から当社に通報がなされた場面では、当該通報について、誰が主に調査を行うのかを検討する必要がある。

この点、当該通報がアで述べた、①当社に関する通報、②取引先に関する通報、③両社に関する通報のいずれであるかを分析した上で、原則としては、当該通報の対象となった会社が主に調査を行うことになる。例えば、①当社に関する通報であれば、当然、当社が調査を行うことになると考えられる。また、③両社に関する通報であれば、当社と取引先が連携して調査を行うことになると考えられる。ただし、事案の重大性や当社側の関与の度合い等によっては、当社が調査においてより積極的な役割を果たすことも考えられる。

他方で、②取引先に関する通報であれば、当該取引先の社内における事象である以上、当該取引先でなければ調査を行うことは難しいと考えられる。もっとも、取引先によっては、調査を行うための十分なリソースが確保できない場合も考えられる。また、昨今のESG経営の文脈におけるビジ

ネスと人権の論点に注力する中で、サプライチェーン管理の一環として、例えば、取引先が重要なサプライヤーである場合などにおいては、サプライヤー契約で当社によるサプライヤーに対する立入調査等の権限が規定されていたりするのであれば、サプライヤーにおける問題についても、当社が必要に応じ取引先の協力を得ながら調査を行うことも考えられる。すなわち、②取引先に関する通報であっても、当社が取引先の協力を得ながら調査を行うこともあり得ると考えられる。

ウ　誰にどこまでの情報を共有するか

Q 70　当社の取引先の役職員からなされた通報について調査を行う際に、誰にどこまでの情報を共有すべきか

A　例えば、当社の取引先に関する通報である場合、取引先が調査を行う（あるいは調査に加わる）ことになるが、その場合でも、通報を受けた当社から取引先の役職員に対して情報を共有する際には、どこまでの情報を誰に共有してよいか、通報者への確認も行いながら慎重に検討することが望ましい。

.... 解　説 ....

　当社の取引先の役職員からなされた通報について調査を行う場合、Q69で整理したとおり、主に調査を行うのがいずれの会社になるかを見極めた上、当社の取引先が調査を行う場合には、通報を受けた当社から当該取引先に対して情報を共有することになる。この際、当社としては、どこまでの情報を取引先の誰に対して共有してよいか、慎重に検討することが望ましい。なぜなら、当社の取引先の役職員から当社に通報がなされるケースは、取引先の社内において、その問題を通報・相談することが困難である場合なども少なくないところ、このような状況にもかかわらず、慎重に検

討しないまま、取引先に対して情報を共有すると、通報者が予期していなかった不利益取扱いを受けるなどの事態が発生しトラブルとなることも考えられるからである。そのため、通報者への確認も行いながら、取引先の誰に対してどの範囲の情報を共有するかを慎重に検討することが望まれる。かかる配慮をせず、上記のようなトラブルが発生してしまうと、取引先ラインへの信頼は失われてしまいかねない。

エ　法の適用がある事案における留意点

以上に加えてさらに注意すべきは、法の適用がある事案については、法、指針及び指針解説の内容を踏まえた対応が必要となるという点である。

Q 71　当社の取引先の役職員からの通報について、法の適用がある事案については、具体的にはどのような点に留意する必要があるか

A　まず、当社の取引先の役職員が、当社に関する公益通報を行った場合には、当該通報を理由とする不利益取扱いが行われて、法３条ないし７条が適用される事態を引き起こさないように留意すべきである。

また、当社が法11条によって負う従事者指定義務及び体制整備義務は、法３条１号及び６条１号に定める公益通報への対応に関する義務であるため、当社の取引先の役職員からの当社に関する公益通報についても従事者指定や体制整備に漏れがないように留意する必要がある。

········· 解　説 ··

まず、法３条の解雇無効や５条の不利益取扱いの禁止は、法２条１項１号に定める事業者（以下「１号事業者」という）による解雇や不利益取扱いについて定めているが、これは取引先（１号事業者）が、公益通報を行ったその労働者に対して行う解雇や不利益取扱いに適用されるため、当社の取引先の労働者からこのような通報を受けた当社側の対応により、このよ

うな事態を引き起こさないように留意すべきである。例えば、当社が通報者に配慮せず、取引先に対し、通報者の氏名等を伝達してしまうと、このような事態を引き起こすリスクが高まることになる。

同様に、当社の取引先の役員から公益通報を受けた事案においては、取引先（１号事業者）が公益通報者である役員を解任すると、当該役員に損害賠償請求を認める法６条が適用されるため、当社としては、このような事態を引き起こさないように、通報者に配慮せず、取引先に対し、通報者の氏名等を伝達しないなどの留意をすべきである。

また、法７条は、法２条１項各号に定める事業者が、取引先の役職員が公益通報者である場合に、当該公益通報によって損害を受けたことを理由として、当該公益通報者に対し損害賠償請求を行うことができない旨を定めている。したがって、上記の各場面と同様に、取引先（１号事業者）が公益通報者であるその役職員に対して損害賠償請求を行う事態を引き起こさないように、通報者に配慮せず、取引先に対し、通報者の氏名等を伝達しないなどの留意をすべきである。これに加え、法７条は、上記のとおり、法２条１項３号及び４号に定める事業者が行う損害賠償請求についても対象としているため、当社が当該公益通報者に対して損害賠償請求を行うこともできない。例えば、当社の取引先の役職員が監督官庁や報道機関等に対し公益通報を行い、これによって当社が損害を被ったとして当該役職員に対して損害賠償請求を行うと、法７条違反であるという反論を受けることが想定される。

さらに、法11条が常時使用する労働者が300人超の事業者に対して課す従事者指定義務及び体制整備義務は、法３条１号及び６条１号に定める内部公益通報への対応に関する義務であるため、当社の役職員からの内部公益通報のみならず、当社の取引先の役職員からの内部公益通報についても、従事者指定や体制整備に漏れがないように留意する必要がある（第２章11参照）。

オ　従事者指定

Q 72　当社の取引先の役職員からなされた通報への対応において、当社における従事者指定については、どのような点に留意すればよいか

A　当社の取引先の役職員からの通報であっても、当社における内部公益通報受付窓口で受け付けた場合には、従事者指定が必要となり得ることを意識して、その要件を確認することが重要である。

……… 解　説 ………………………………………………………………………

　当社の取引先の役職員からの通報であっても、常時使用する労働者数が300人超である当社にとっての内部公益通報に該当する事案においては、当社としての従事者指定が必要となる場合があることに留意する必要がある。

　この点、従事者指定が必要になるのは、当社における内部公益通報受付窓口になされた当社にとっての内部公益通報に該当する事案であるから、当社の取引先の役職員からの通報が当社における内部公益通報受付窓口になされたかどうかを検討する必要がある。

　例えば、コンプライアンス部門に設置された通常の通報窓口で取引先の役職員からの通報も受け付けている場合には、当該窓口が当社における内部通報受付窓口であるため、その受付・調査・是正措置担当者についての従事者指定を検討する必要がある。また、当社として取引先の役職員のための専用の通報窓口を設置している場合にも、当該窓口が当社における内部通報受付窓口であるため、その受付・調査・是正措置担当者についての従事者指定を検討する必要がある。

　注意が必要なのは、当社の取引先の役職員からの通報について、例えば、コンプライアンス部門に設置された通常の通報窓口で受け付けておら

ず、かつ、取引先の役職員のための専用の通報窓口を設置していない場合
である。このような場合、例えば、「お客様窓口」のような一般の外部向
けに設置された窓口が、当社の取引先の役職員からの通報を受け付ける役
割を果たす窓口であると位置付けることによって、内部公益通報受付窓口
の整備という体制整備（次項参照）を果たすと整理することもあると考え
られる。このような「お客様窓口」等を当社の取引先の役職員からの通報
を受け付ける窓口として位置付けると、当社の取引先の役職員からの通報
との関係で、当該窓口が当社における内部公益通報受付窓口となるため、
その受付・調査・是正措置担当者についての従事者指定を検討する必要が
あると考えられる。

カ　体制整備

Q 73　当社の取引先の役職員からなされた通報への対応に関する体制整備としては、どのような点に留意すればよいか

A　当社の取引先の役職員からの通報も内部公益通報に該当するものが
含まれ得るところ、当該通報への対応についても体制整備義務の対象
となるため、例えば、法3条ないし7条が規定する解雇その他の不利
益取扱いの禁止等を踏まえ、範囲外共有の防止等に留意するような運
用を行うことなどが考えられる。

········· 解　説 ·········

当社の取引先の役職員からの通報でも当社にとっての内部公益通報につ
いては、法11条2項の定める体制整備義務の対象となるため、当社として
当該義務に違反しないようにすることが必要である。

一方、社外である当社の取引先の役職員からの内部公益通報について
は、社内の役職員からの内部公益通報と全く同じ体制整備までが必要にな

るとは言い難いとも考えられる。例えば、法3条ないし6条が規定する解雇その他の不利益取扱いの禁止については、基本的に通報者の所属する取引先による取扱いが問題になることを踏まえると、かかる不利益取扱いの禁止等について、社内の役職員からの内部公益通報と全く同じ体制整備が求められるものではないと考えられる。

とはいえ、当社の取引先の役職員からの通報について、その通報者の所属する取引先から、当該通報を理由とする不利益取扱いを受け、トラブルに発展するような事案を防ぐべく、当社としても、その取引先において法3条ないし6条が規定する解雇その他の不利益取扱いを発生させてしまわないよう、通報者が特定される事項について範囲外共有を防止する体制をとるなどの留意をすることが考えられる。また、法7条は、通報者に対し、その所属する取引先からの損害賠償請求を行うことができない旨を定めるのみならず、当社からの損害賠償請求を行うこともできない旨を定めているため、このような請求を行って法違反を犯すことのないよう留意することも必要である。

なお、指針解説では、以下の事項が推奨事項として指摘されている。

・内部公益通報受付窓口を設置する際に、取引先を含めた対応体制を整備すること（指針解説第3－Ⅱ－1－(1)－④）

・取引先における内部公益通報対応体制の整備・運用状況を定期的に確認・評価した上で、必要に応じ助言・支援をすること（指針解説第3－Ⅱ－1－(1)－④）

・通報窓口の利用対象者の範囲に、取引先の従業員・退職者及び役員を含めること（指針解説第3－Ⅱ－1－(3)－④）

・公益通報者が取引先の役職員である場合に、通報に係る秘密保持に十分配慮しつつ、可能な範囲で、当該取引先に対して、例えば、公益通報者へのフォローアップや保護を要請する等、当該取引先にお

いて公益通報者が解雇その他不利益取扱いを受けないよう、必要な措置を講じたり、当該取引先において、是正措置等が十分に機能しているかを確認したりすること（指針解説第3－Ⅱ－2－(1)－④）

キ　教育・周知

Q 74　当社の取引先の役職員からの通報を含む取引先ラインについて教育・周知を行う際には、どのような点に留意すればよいか

A　指針は、従業者に対する十分な教育を求めているので、当社において取引先ラインの担当者として従事者指定を受ける役職員に対し、法や内部通報への対応に関する留意事項の教育を行う必要がある。また、当社の取引先の役職員に対し、当社の取引先ラインの目的や機能等についての周知を行うことが重要である。

.... 解　説 ....

　Q68で述べたとおり、当社の取引先との関係でも、例えば、サプライヤーである取引先との間で、両社の役職員が結託し、不当に高い金額での契約を締結した上でその一部をキックバックして本来の金額との差額を分け合うなどしてそれぞれが個人的な利得を得ているといった内容の通報を、事情を知った当社の取引先の別の役職員が通報してきたり、あるいは、エスカレートする当社の役職員からの要求に耐えられなくなって当社の取引先の要求を受けていた役職員が通報してきたりする事案は、多くの企業で一定程度想定されるリスクであるため、当社において取引先ラインの受付・調査・是正措置担当者として従事者指定を受ける役職員に対しては、指針の求める法や内部通報への対応についての教育を行うことが必要である。

また、当社における取引先ラインについては、当社の取引先の役職員に対し、取引先ラインの目的・機能等を周知する取組みを行うことが重要となる。例えば、当社の取引先の役職員に対し、当社に関する通報を当社の取引先ラインの受付対象としていることについて、ポスターや周知資料を掲示・配布したり、取引先のイントラネット等の社内ポータルページ等に掲載したりして、当社の取引先を通じて周知してもらうことが考えられる。また、当社の取引先との契約において、当社に関する法令等違反行為があれば当社の取引先ラインに通報するよう努めることやその周知を求めることも考えられる。

　このような取組みに加え、取引先が小規模のサプライヤーであり、独自の内部通報制度を設けることが困難であるような場合などには、取引先も含むコンプライアンス体制の充実という観点から、当社の取引先の役職員からの当社に関する法令等違反行為のみならず、当該取引先自身に関する法令等違反行為も、当社の取引先ラインの受付対象とすることも考えられる。このような場合には、当社として、前述した周知活動に加えて、当社の取引先の役職員を対象とする内部通報制度の教育・研修資料を提供したり、当社の取引先の役職員を対象として教育・研修を行ったりすることも考えられる。

　さらに、このような取組みを超えて、サプライヤーとのサプライチェーン取引のような場合には、ESG経営の観点で特にサプライチェーン全体におけるコンプライアンス体制の充実が強く求められるようになっていることとの関係で、当該サプライヤー契約を締結する前提として自社のe-Learningコンテンツなどの教育を受けることを条件としたり、サプライヤー契約の内容として、サプライヤーにおいて社内で同等の教育・周知を行うことを義務付けたりすることも考えられる。

10 グローバル通報制度

(1) グローバル通報制度の重要性

　日本企業がそのグローバルビジネスを加速する一方で、海外での法務・コンプライアンス・リスクが顕在化するケースは、様々な形態で増加している。かねてより、例えば米国での製品事故・PL、特許侵害、営業秘密侵害（産業スパイ）、人種差別、セクシャルハラスメントその他の労働訴訟などの巨額損害賠償請求事件が日本企業にとっての脅威となっていたが、2010年前後からは、これに加えて、国際カルテル、海外贈賄等のコンプライアンス・リスクが数多くの日本企業に想像を超える経済的ダメージと、刑事罰・行政罰による制裁を加えた（米国で実刑判決により収監された日本企業幹部も相当数存在する）。さらに、その後のEU一般データ保護規則（General Data Protection Regulation、「GDPR」）をはじめとする情報関連規制や、環境や人権にまつわる事件・事故や訴訟、NGO等による摘発など、様々なグローバルリスクが日本企業を取り巻いている。

　このような事業環境において、グローバルビジネスに関するリスク管理、特に法務・コンプライアンス・リスク管理がその必要性と重要性を増す一方で、日本国内のリスク管理と比べると、物理的にも法制度的にも言語的にも距離があり、人的・経済的リソースを十分に配置することが困難であるなど様々な事情から、その取組みにはどうしても困難がつきまとう。

　このような状況で、リスク情報の伝達・把握の手段として極めて重要な意義を有しているのが、海外子会社・グループ会社（以下「海外子会社等」という）を含むグローバルな内部通報システムの構築である。海外子会社

等において発生する法令等違反行為その他のコンプライアンス・リスク情報を早期に把握し、対応できる体制として、海外子会社等からの通報を受け付ける、いわゆる"グローバル内部通報システム"の構築・運用が、グローバルにビジネスを展開する日本企業にとって重要な取組課題となっているのである。

(2) 一般的論点と注意点

グローバル内部通報システムを構築・運用する上では、日本国内での取組みとは異なる様々な留意点や論点が存在する。

ア 内部通報に関する各国法制

Q 75 グローバル内部通報システムを構築・運用する上で、当該海外子会社等が存在する現地国における内部通報関連の法制度については、どのような点に注意が必要か

A 米国やEU各国等のように、内部通報に関連する法規制がある場合には、これに留意してグローバル内部通報システムを設計・運用する必要がある。

内部通報システムを、海外子会社等も含めグローバルに構築・運用する上でまず留意しなければならないのは、当該子会社等が存在する国に内部通報に関連する法制度が存在する場合である。

········ 解 説 ··

① 米 国

米国では、以下のような関連法制度が存在する（連邦、州、対象組織等に応じ、様々な法制度が存在し、"パッチワーク"的法制度ともいわれている）。特に、高額の報奨金制度の存在を受け、例えば完全成功報酬で内部告発者

をサポートする弁護士が多数存在することもあり、企業としては、社内で
リスク情報を早期に把握して対応する必要性が極めて高く、この意味でも
内部通報制度の実効性を高めておく必要性が高い国ということができる。

・不正請求禁止法（False Claims Act）……連邦政府から不正に給付を受
　けた者を告発した者が、政府のために不正受給者に対し民事訴訟（キ
　イタム訴訟）を提起して一定額を回収した場合、報奨金が支払われる
　という制度がある。そしてかかる告発者に対する不利益取扱いが禁止
　されている。

・サーベンス・オクスリー法（Sarbanes-Oxley Act、SOX法）……2000年
　代初頭のエンロンやワールドコムといった米国での巨大企業不祥事が
　内部告発者によって明らかになった事実を踏まえ、内部告発者の保護
　を法定した。保護される通報者の範囲は上場会社の従業員であり、こ
　れに対する不利益取扱いを禁止し、違反には一定の場合に刑事罰も法
　定されている。また、米国公開会社については、不適切会計疑義等を
　匿名で通報できる仕組みなど、内部通報者を保護する制度の整備を義
　務付けている。

・ドッド＝フランク・ウォール街改革・消費者保護法（Dodd-Frank Wall
　Street Reform and Consumer Protection Act）……いわゆるリーマン
　ショックを受けて、国際金融危機の再発防止を目的に2010年に制定さ
　れた法律である。上記サーベンス・オクスリー法と異なり、公開会社
　に限らず適用され、不利益取扱いから保護される内部告発者はあらゆ
　る個人とされ、証券法令違反に関連する情報を米国証券取引委員会
　（SEC）に通報した者が保護され、不利益取扱いが禁止されている。
　特徴として、通報によりSECが100万ドルを超える制裁金等の取得に
　成功すると、通報者に10〜30％の報奨金を支払うとされている点があ
　り、現実に巨額の報奨金が支払われているケースが多数存在する。

② 英　　国

英国には、内部告発者を保護する法律として、公益開示法（Public Interest Disclosure Act 1998）が存在する。同法は、公共・民間部門の公益通報者に対する包括的な保護法であり、労働者等による通報について、これに対する不利益取扱いを禁止するなどして保護している。日本の公益通報者保護法が2004年に制定された際にも参考にされた法制である。

その後2013年には企業規制改革法（Enterprise and Regulatory Reform Act 2013）、2015年には小規模事業雇用法（Small Business, Enterprise and Employment Bill 2015）によって、保護要件の変更等が行われ、公益通報者の保護の拡充が進んでいる。

一方、一部の金融機関や衛生分野等を除き、企業に対して内部通報制度に関する体制整備義務等は課されていない。

③　EU各国

EUでは、EU加盟各国で統一的な水準で通報者を保護すべく、2019年、公益通報者保護指令（DIRECTIVE (EU) 2019/1937 OF THE EUROPEAN PARLIAMENT AND OF THE COUNCIL of 23 October 2019 on the protection of persons who report breaches of Union law）が定められ、これによりEU加盟各国は、原則として 2021 年 12 月 17 日までに各国内法規を施行することが義務付けられた。

EU公益通報者保護指令は、EU加盟各国に対し、50名以上の従業員を雇用する企業について、内部通報制度の設置を義務付ける内容の法整備を求めている（50名以上249名までの従業員を雇用する企業については、2023年12月17日まで猶予が可能となっている）。

保護対象者は、労働者や退職者、株主、役員、取引先等の通報者や、その同僚、親族、支援者等の範囲とされ、公共調達や製品安全、食品安全、環境保護、個人データ保護、消費者保護、EU競争法違反などの一定の分野におけるEU法違反行為を対象とする通報を保護している。

通報者に対するいかなる不利益取扱いも禁止され、例えば、精神科や医療機関への受診紹介なども禁止される不利益取扱いの例として定められている。

なお、EU公益通報者保護指令は、匿名通報を受け付けることを求めてはおらず、匿名通報を受け付けるべき事業者の範囲は、各EU加盟国の判断に委ねられている。

このようなEU公益通報者保護指令の要請を受け、EU加盟各国では、内部通報者保護に関する国内法の制定が続いている。2021年6月24日のデンマークでの新法採択を皮切りに、各国での整備がなされたが、2021年12月17日の施行期日までに整備が終了していない国も少なからず存在する。フランスでは、既に内部通報者を保護する新法が成立・発効している一方で、2022年中に内部通報者保護法が成立していない国も少なくない。

イ　個人情報保護に関する各国法制

Q 76　グローバル内部通報システムを構築・運用する上で、当該海外子会社等が存在する現地国における個人情報・個人データ関連の法制度については、どのような点に注意が必要か

A　EUのGDPR（一般データ保護規則）に代表されるように、各国・地域等で個人情報・個人データに関連する法規制として、特に、当該国・地域等から日本の親会社への個人情報・データの移転を規制するケースがあるため、これに留意して設計・運用する必要がある。

……… 解　説 …………………………………………………………………

Q75のような内部通報に関する各国法制以外に、日本以外の国・地域における個人情報・個人データ保護法制が、グローバル内部通報システムの整備・運用に影響する場合も少なくない。

内部通報が行われる場合、その内容には、通報者自身はもちろん、被通報者や関係者の名前や連絡先、その他の個人情報・個人データが含まれることが通常である。この関係者には、社内のみならず社外の人間が含まれることもある。

　このような個人情報・個人データについては、国や地域によっては、当該国や地域以外への移転等を規制する法律が存在する場合があるため、グローバル内部通報システムを構築・運用する際には、海外子会社等が存在する現地国におけるかかる法制に違反しないように留意が必要である。

　例えば、かかる法制の代表例であるEUにおけるGDPRは、2016年4月に制定され、2018年5月25日に施行されているが、同4条1号は、「個人データ（personal data）」の定義について、「識別された又は識別可能な自然人（「データ主体」）に関する情報を意味する。識別可能な自然人とは、特に、氏名、識別番号、位置データ、オンライン識別子のような識別子を参照することによって、又は、当該自然人の身体的、生理的、遺伝的、精神的、経済的、文化的又は社会的な同一性を示す一つ又は複数の要素を参照することによって、直接的又は間接的に、識別され得る者をいう」と規定する。そして、個人データのEU域外への移転については、44条以下の規制がなされている。日本は、EUからの個人データ移転について、45条に基づく十分性認定を受けているため、これにより、日本・EU間では、十分性認定を受ける以前と比べれば、円滑な個人データ移転が可能となっている。ただし、日本・EU双方の制度は類似しているものの、相違点も存在するため、EU域内から十分性認定により移転を受けた個人情報について高い水準の保護を確保するために、日本の個人情報保護委員会が定めた補完的ルールを遵守する必要があり、例えば、日本の個人情報取扱事業者が、EU域内から十分性認定に基づき個人データの提供を受ける場合、日本の個人情報保護法30条1項及び3項の規定に基づき、EU域内から当該個人データの提供を受ける際に特定された利用目的を含め、その取得の

経緯を確認し、記録する必要がある。なお、十分性認定を受けた2019年1月23日以前は、「拘束的企業準則」（GDPR46条2項(b)号）や「標準データ保護条項」（同項(c)号・(d)号）による対応、「越境データ移転のリスク情報を提供した上での明示的なデータ主体の同意」（GDPR49条1項(a)号）等による対応が必要とされていた。

　EU以外でもGDPRと同様に、当該国の外への個人情報・個人データの移転を規制する法制が増加しており、日本企業の海外拠点が多い国においても、例えば、2013年に施行されたシンガポールの個人データ保護法、2021年に成立した中国の個人情報保護法など、各国で同様の規制がなされている。

　グローバル内部通報システムを設計・運用する際には、通報者自身は、当該地域・国の外である日本の親会社やグローバルな内部通報専門業者への通報であることを理解して、自らの個人情報・個人データを提供するということになれば、その域外移転には問題が生じないことも多いと考えられる一方で、被通報者や関係者の同意も全て取得した上で通報するという設計はおよそ現実的とは考えられない。このような場合、厳しい規制のある地域・国ではその域内で通報を受け付けるものとしたり、日本の親会社への通報には他者の個人情報を含まない形で通報してもらうこととしたりした上で、当該通報により把握した内容に基づき、現地役職員や弁護士等がさらなる詳細を確認するなどの整理が考えられる。

ウ　その他の現地法との関係

Q 77　グローバル内部通報システムを構築・運用する上で、当該海外子会社等が存在する現地国における他の法制度については、どのような点に注意が必要か

A 　海外子会社等の役職員からの通報は、当該現地国の実体法に違反するとの指摘が含まれることが少なくないため、当該実体法との関連について十分な検討をすることが必要である。

.... 解　説 ....

　例えば、海外子会社等の役職員から、当該国で公務員に対し、華美な接待行為が行われているとの通報がなされた場合、当該行為が当該国の贈賄規制に照らし違法（犯罪）となるのか、どの程度の制裁が想定されるのか等を検討して対応することが必要となる。国ごとに規制は様々であるため、当該現地国の法務や社外弁護士への確認が必須である。現地国に法務担当者がいない場合や、管理担当社員が通報された事実関係と関連がある可能性があるような場合には、日本の親会社や地域統括会社がある場合は地域統括会社を通じて、現地国の弁護士にアクセスして検討することなどの工夫が必要となる。

　また、調査を遂行する過程で、電子メール等のフォレンジック・調査を行ったり、銀行口座の調査等を行ったりする際には、当該国におけるプライバシー保護法制との関係を確認しつつ、これに反しないように進める必要がある。

エ　当社側の問題か、海外側の問題か、両方の問題か

Q 78　海外子会社等の役職員から通報がなされた場合、まず何を検討すべきか

A 　どの会社にとっての内部通報か、すなわち、日本の親会社に関する通報、海外子会社等に関する通報、両方に関する通報のいずれかという観点で整理することが重要である。

········· 解　説 ···

　Q63で触れた日本国内の子会社等の役職員から通報を受け付けた場合の
検討と同様に、まず、海外子会社等の役職員から通報がなされた場面で
は、当該通報がどの会社に関係する内容か、つまり、どの会社にとっての
内部通報かを検討・確認することになる。これは、どの会社において誰が
調査を担当すべきかを検討する上で必要となるし、これに加え、法が定め
る従事者指定との関係でも重要となる。

　この点、通報内容については、①日本の親会社に関する通報、②海外子
会社等に関する通報、③両方に関する通報の3とおりに整理することがで
きる。

　例えば、海外子会社等の役職員から通報がなされていても、その内容は
もっぱら日本の親会社の役職員による親会社における事象であることがあ
る（①のケース）。典型的には、日本の親会社の役職員が海外子会社等に出
張した際に、当該国で贈賄や競争法違反の疑いがある行為を行ったり、日
本の親会社の役職員が海外子会社等を利用した"とばし"のような粉飾決
算操作を行ったりする場合、日本の親会社の役職員による法令等違反行為
に関する通報と考えられる。

　また、海外子会社等の従業員から、当該海外子会社等に関する通報が、
親会社窓口やグループ共通窓口に通報されてくることもある（②のケー
ス）。例えば、海外子会社等の役職員による部下に対するハラスメントや
差別行為という、海外子会社等の社内での事象に関する通報が典型であ
る。このような事象でも、海外子会社等内で声を上げたり、相談したりす
ることが海外子会社等の人数規模や直接の人的関係故に困難であるような
場合などには、親会社窓口やグループ共通窓口に通報されることもままあ
る。

　そして、日本の親会社と海外子会社等の両方に関係する通報がされてく
る場合（ケース③）としては、例えば、日本の親会社と海外子会社等の兼

務役員が両社間での"とばし"のような粉飾決算操作を行っているといった内容の通報を、事情を知った海外子会社等の別の役職員が通報してきたような場合が考えられる。

これらケース①ないし③のいずれに当たるかを踏まえた上で、次項で述べる従事者指定に漏れがないかを検討することになる。

オ　従事者指定

Q 79　海外子会社等の役職員からなされた通報への対応においても、法が定める従事者指定を行う必要のある場合があるか

A　海外での発生事案でも法が適用される事案である可能性もあるので、それを確認した上で、通報者を特定させる情報の共有を受ける担当者について従事者指定を行うことを検討することが必要である。

………… 解　説 …………………………………………………………………………

海外子会社等の役職員からなされた通報でも、法が適用され、その受付・調査・是正措置担当者について従事者指定が必要になる場合があると考えられる。

例えば、Q78の①日本の親会社に関する通報として、海外子会社等の従業員から、日本の親会社の役職員が出張に来て、外国公務員に贈賄をしているといった通報がなされた場合である。このような通報内容は、日本の不正競争防止法による海外贈賄禁止に関する内容であり、法が定める通報対象事実に該当する。そのため、例えば、通報してきた海外子会社等の従業員が日本の親会社の労働者の地位も有している場合や、当該海外子会社等が日本の親会社の取引先で、当該通報者がその取引に関する事業に従事する場合などは、日本の親会社への通報は内部公益通報に該当し、法11条1項に基づく従事者指定を行うことを検討することが必要となる。

カ　その他の留意点

> **Q 80**　そのほか、グローバル内部通報システムで受け付ける海外子会社等からの通報案件において留意すべき点としては何があるか

A　例えば、米国のディスカバリ制度のような強力な証拠開示等の制度がある国に関連する通報の場合、弁護士に法的助言を求めることによって弁護士・依頼者秘匿特権による証拠非開示の例外的取扱いを得られるようにすることを検討する必要がある。

········· 解　説 ···

　例えば、米国のディスカバリ制度のように、日本と比べて強烈な民事訴訟や刑事・行政調査における証拠開示制度がある国に関連する通報案件の場合、内部通報を受け付けた後の調査・是正措置等の検討内容や記録が、後に民事訴訟や調査の過程で提出を求められる可能性が、日本よりはるかに大きいことになる。

　この点、米国をはじめ、このような国では通常、弁護士に法的助言を求めるための守秘されたコミュニケーションの内容については、弁護士・依頼者秘匿特権として開示義務を免れる例外とする制度がある。したがって、通報対応を行う際に、弁護士（国・地域等によっては、社内弁護士では不十分とされる可能性もある点に留意する必要がある）に相談をしながら対応することで、かかる弁護士・依頼者秘匿特権により情報を保護することを考慮する必要がある。この関係で、例えば、当該弁護士がヒアリングを担当する際には、その冒頭で、米国で「アップジョン警告（Upjohn Warning)」といわれている注意喚起（ヒアリングを担当する弁護士はあくまでも会社から法的助言を求められている代理人であり、そのためのヒアリングであること、ヒアリング内容について秘密を守ることなどを説明する内容である）を行うことが必要となると考えられている。かかる注意喚起を行うことに

より、当該ヒアリング内容については、ヒアリング対象者ではなく企業が依頼者として弁護士・依頼者秘匿特権を有する立場にあることを明確にするとともに、当該ヒアリング内容の守秘性を維持することで弁護士・依頼者秘匿特権の要件を充足させることが期待されている。

---

11 | 記録の管理

Q 81 通報対応に係る記録はどのように作成すればよいか

A 必要事項を定めたフォーマットをあらかじめ用意しておき、通報案件ごとに必要事項を記載することが重要であり、それによって過去の通報案件の対応を一覧しやすくなるため、運用の見直し・改善において有用である。

········· 解 説 ··

通報対応に係る記録の具体的な作成方法について、法や指針・指針解説では特に言及されていないが、例えば、通報対応に係る記録を適切に行うためには、必要事項を定めたフォーマットをあらかじめ用意しておき、通報案件ごとに必要事項を記載することが重要である。なお、必要事項は、概ね以下のような事項となろう。

・受付番号

・受付日

・担当者の氏名・役職

・受付方法（電話・電子メール・FAX・郵送・面談・その他）

・通報者の氏名・役職・連絡先等（通報者を特定できないよう加工した記載とすることも考えられる。Q82も参照）

・匿名希望の有無・内容

・匿名以外の通報者の希望内容

・被通報者の氏名・役職・連絡先等（通報者を特定できないよう加工した記載とする場合には、通報者の特定に至らないよう被通報者についても同様に特定できないよう加工した記載とすることが適切であろう）

・通報者と被通報者との関係性

・通報類型

・具体的な通報内容

・従事者指定の要否・範囲（受付・調査・是正措置に関与した役職員の氏名・役職）

・調査の実施状況・内容

・調査結果

・是正措置の内容

また、必要事項を定めたフォーマットをあらかじめ用意しておき、通報案件ごとに必要事項を記載することにしておくと、例えば、通報類型ごとにソートするなどして過去の通報案件の対応を一覧することも容易になるため、運用の見直し・改善において有用である。

Q 82　通報対応に係る記録の保管に当たってはどのようなことに注意すればよいか

A　例えば次のような点に注意して、通報対応に係る記録は慎重に保管・管理する必要がある。

・通報対応に係る電磁的記録のパスワードの設定、紙記録の厳重管理

・当該記録へのアクセス権限の設定及びその範囲の限定

・役職員の異動に伴うアクセス権限の変更

・サーバーへのアクセスログ情報の確認体制の整備

・その他記録の取扱いに係るルール化

········· 解　説 ··

　通報対応に係る記録には、通報者を特定させる事項等の機微な情報が記載されており、通報対応完了後であっても、当該通報対応に関与した以外の第三者が確認できてしまうと、通報者の保護に欠ける事態となるし、また、内部公益通報に該当する事案であれば、法12条の法定守秘義務に違反しかねないため、通報対応に係る記録の管理は極めて慎重になされなければならない。

　通報対応に係る記録について、紙記録として保管する企業もあるとは思うが、電磁的記録として保管する企業が多いだろう。電磁的記録はパスワードを設定したり、紙記録は鍵のかかるキャビネット内に保管したりした上で、いずれにせよ、当該記録へのアクセス権限を限定することが必須である。

　アクセス権限の範囲については、当該記録に通報者を特定させる事項が記載されているかにより、考え方は異なってくる。

　まず、内部公益通報に該当する事案の紙記録や電磁的記録については、法12条の法定守秘義務や範囲外共有の防止の観点から、アクセス権限の付与は、当該事案との関係で従事者として指定されており、かつ、範囲外共有とならない人のみに限定されなければならない。また、記録の保存方法として、個別事案の紙記録を集約したファイルを作成したり、個別事案を一覧化した電磁的記録を作成したりする場合は、そのような記録へのアクセス権限の付与は、全ての通報事案との関係で従事者として指定されている内部通報制度を管掌する部署の責任者クラスのみとすることなどが考え

られるであろう。

　これに対し、当該記録において、通報者に係る情報について黒塗りとするなど通報者を特定できないよう加工する場合であっても、記録の漏えい防止の観点からはアクセス権限は限定しておくことが有用であり、かつ、同部署内での記録の閲覧・検討についても、アクセス権限を有する者の許可を要することとすべきであろう。

　もっとも、当該記録における通報者に係る情報につき、通報者を特定できないよう加工する場合であれば、業務の効率の観点に鑑み、アクセス権限の範囲を内部通報制度を管掌する部署の課長級の役職員とするなど、一定の範囲に広げることは選択肢としてあり得よう。

　また、アクセス権限との関係では、内部通報制度を管掌する部署の役職員に異動があった際に、アクセス権限の範囲を変更することを失念しないことも重要である。特に、内部通報制度を管掌する部署から別の部署に異動する役職員のアクセス権限を失わせることは絶対に忘れてはならない。

　また、万が一、記録の漏えいが発生してしまった場合には、どのような経路で漏えいが発生しているか、どのPCから記録を保管しているサーバーにアクセスがなされているかといったログ情報を取得できるようにすることが必要になるだろう。

　そのほかにも、内部公益通報に係る記録の出力の可否、出力した紙媒体の処理方法、外部法律事務所等との記録共有の方法などについても、マニュアル等に定めておくとよいだろう。

12 教育・周知、実績の開示

(1) はじめに

指針解説は、労働者等及び役員並びに退職者に対する教育・周知に関する措置について、以下のとおり規定している（指針解説第3－Ⅱ－3－(1)－①）。

イ　法及び内部公益通報対応体制について、労働者等及び役員並びに退職者に対して教育・周知を行う。また、従事者に対しては、公益通報者を特定させる事項の取扱いについて、特に十分に教育を行う。

ロ　労働者等及び役員並びに退職者から寄せられる、内部公益通報対応体制の仕組みや不利益な取扱いに関する質問・相談に対応する。

また、指針解説は、運用実績の労働者等及び役員への開示について、以下のとおり規定している（指針解説第3－Ⅱ－3－(3)－①）。

ハ　内部公益通報受付窓口に寄せられた内部公益通報に関する運用実績の概要を、適正な業務の遂行及び利害関係人の秘密、信用、名誉、プライバシー等の保護に支障がない範囲において労働者等及び役員に開示する。

以下、それぞれについて解説する。

⑵ 教育・周知

ア 教育・周知の重要性

Q 83 指針・指針解説が法及び内部公益通報対応体制についての教育・周知の取組みを要求している理由は何か

A 内部公益通報が適切になされるためには、労働者等及び役員並びに退職者において、法及び内部公益通報対応体制について十分に認識している必要がある。特に、法12条に定める守秘義務を負う従事者は、法及び内部公益通報対応体制について、十分に理解をしている必要がある。これにより、内部通報に関する取組みの信頼性を確保し、その実効性を高めることが可能となる。

.... 解 説 ....

　内部通報に関する取組みは、コンプライアンスの取組みの重要な一部であり、いわゆる「PDCA」を回していくことが極めて重要である。したがって、「Plan」として、法改正に対応して、通報窓口や内部規程を整備することはもちろん重要であるが、それだけでは足りず、「Do」として、実際の運用を充実させていく必要がある。

　その中心となるのが、教育・周知である。

　内部通報が適切になされるためには、役職員が、法と内部公益通報対応体制について十分に認識している必要がある。特に、法12条に定める守秘義務を負う従事者は、法及び内部公益通報対応体制について、十分に理解をしている必要がある。これにより、内部通報に関する取組みの信頼性を確保し、その実効性を高めることが可能となる。なお、指針・指針解説は、内部公益通報についてこれらの要請を規定するが、このことは、公益通報に該当しない内部通報についても、同様に当てはまるものである。

イ 研 修

　教育・周知の中心となるのが、様々な形での研修の実施である。指針解説にも、労働者等及び役員の立場・経験年数等に応じて用意する「階層別研修」についての言及があるので、以下、役員研修、管理職研修、一般従業員研修、そして従事者研修に分けて、それぞれのポイントを整理する。

㈦ 役員研修

Q 84 役員を対象に研修を行う際のポイントは何か

A 　法改正の趣旨や要点、特に従事者に関する改正の理解にとどまらず、役員自身が重要な役割を果たすことを認識してもらうことが重要である。

········ 解　説 ···

　役員研修を行う場合には、まず、役員自身に関連する法改正のポイントとして、役員関連事案に関する独立性確保についての体制整備義務について、十分な理解を得ることが重要である。

　法改正については、これのみならず、法12条において従事者に対する守秘義務が課された経緯・理由として、大きな権限や影響力を持つ役員が、通報者が誰であるかを担当者から聞き出した上で、通報を理由とした不利益取扱いを行ってしまうような事案が発生しないようにすることが意識されていたことを明確に理解してもらうことが必要不可欠である。これとの関係で、法の求める不利益取扱いの禁止とそれについての体制整備義務や通報者探索や範囲外共有の防止に関する体制整備義務についても明確に理解してもらうことも必要となる。

　また、これら不利益取扱いの禁止、通報者探索や範囲外共有の防止に関する体制整備義務については、通報窓口で受け付ける内部公益通報のみならず、職制上のレポーティングラインでの通報として、担当部門の部下か

ら受け付けた通報についても同様に妥当することを理解してもらうことが重要である。取引先の役職員からの通報についても同様の面がある。

そして、これらに加え、改正法対応を含む内部通報システムの整備・運用は、法務・コンプライアンス部門や担当者のみが取り組めばよい課題ではなく、経営トップを含む経営陣がいわゆる「Tone at the Top」を示しながら本気で誠意を持って取り組むことが必要不可欠であるため、役員研修でも、指針解説が要求する「内部公益通報対応体制の内部統制システムにおける位置付け、リスク情報の早期把握がリスク管理に資する点等」（指針解説第3−Ⅱ−3−(1)−③）についても理解してもらえるような研修とすることが有益である。

(イ)　**管理職研修**

Q 85　管理職を対象に研修を行う際のポイントは何か

A　経営トップを含む経営陣のみならず、管理職も、職制上のレポーティングラインとして通報を受け付けたり、通報窓口での受付事案について調査等に加わったりするなど、重要な役割を果たすことを認識してもらう内容とすることが必要である。

……… **解 説** ………………………………………………………………

管理職も、内部通報に関して重要な意義を有する立場である。例えば、管理職は、職制上のレポーティングラインとして、部下から通報を受け付けることがあるため、例えば、体制整備義務のうち、不利益取扱いの禁止、範囲外共有・通報者探索の防止等を十分に理解し、これらに違反する事案が発生しないように留意してもらう必要がある。

また、管理職は、通報窓口で受け付けた事案にも関与する場合がある。例えば、管理職は、調査段階で依頼を受け、自らが管理職の地位にある部門に所属する被通報者や関係者に関する情報を提供したり、場合によって

はヒアリングに加わったりするなど、調査に関与することがある。この場合、通報者を特定させる情報の共有を受けるのであれば、従事者指定を受けることがある。したがって、調査の重要性や調査における留意点、特に従事者が負う法定守秘義務等を理解するための内容を、管理職研修には含める必要がある。

　管理職は、コンプライアンスの取組みにおいて、「Tone at the Top」といわれる経営幹部とともに、「Tone in the Middle」として、現場までコンプライアンスの重要性を浸透させるために非常に重要な位置付けを占める。内部通報の取組みも、かかるコンプライアンスの取組みの一環であることを、管理職は理解する必要がある。

㈡　一般従業員研修

Q 86　一般従業員を対象に研修を行う際のポイントは何か

A　コンプライアンスの取組みの一環として、企業にとって内部通報に関する取組みが重要な意義を持つことを理解してもらうこと、通報を理由とする不利益取扱いが禁止され通報者が保護されること、さらに、企業としてどのような内容の通報を求めているかのメッセージが重要である。

········· 解　説 ···

　一般従業員に対する研修においては、まず、内部通報システムが、コンプライアンスの取組みの一環として、企業にとって重要な意義を持つ取組みであることを理解してもらうことが必要である。単に、内部通報制度として通報窓口が整備されていることや、法の内容を説明するだけでは（もちろんこれらも重要であるのはそのとおりだが）十分とはいえず、企業が法令等違反行為を早期に発見・対応し、また未然に防止するために、極めて重要な機能を有することの説明（日本でも、世界でも、内部通報が企業にお

ける法令等違反行為を発見するための最大の端緒となっていることの説明を含め）を行うこと等が必要である。

そして、内部通報制度が実効的に機能するためには、一般従業員がかかる制度、特に、この制度において受付・調査・是正措置等を担当するなどして関与する役職員による適切な運営に信頼を寄せてもらうことが必要となる。したがって、通報者や調査協力者に対する不利益取扱いの禁止や、従事者の負う法定守秘義務、範囲外共有・通報者探索の防止等についても説明を行うことが必要である。

この点に関しては、指針解説が、法について教育・周知を行う際には、権限を有する行政機関等への公益通報も法が保護しているという点も含めて、法全体の内容を伝えることを要求している点を踏まえ（指針解説第3－Ⅱ－3－(1)－③）、かかる内容も研修に含めることになるため、これと同時に内部通報制度の信頼を高めるための説明は非常に重要な意味を持つと考えられる。

さらに、一般従業員による通報や調査協力を促すために、企業が求めている具体的な法令等違反行為の具体的な例や通報後の対応イメージなどを研修に含めることも効果的である。このような具体的な情報を示すことによって、通報や調査協力に対する心理的な抵抗や躊躇、不安が消えづらい一般従業員の背中を押す効果が期待できる。

(エ)　**従事者研修**

Q 87　従事者を対象に研修を行う際のポイントは何か

Ⓐ　最も重要な内容としては、改正により新設された法定守秘義務を含む通報に関する情報の取扱いが考えられるが、それにとどまらず、例えば、どのように調査を進めるか、ヒアリングにおいてどのような点に留意するか、どのように事実認定をするか等も含めた、実践的な勉

強会やワークショップなどを行うことも有意義である。

.... 解 説 ....

　指針解説によれば、「従事者に対する教育については、例えば、定期的な実施や実施状況の管理を行う等して、通常の労働者等及び役員と比較して、特に実効的に行うことが求められる。法第12条の守秘義務の内容のほか、例えば、通報の受付、調査、是正に必要な措置等の各局面における実践的なスキルについても教育すること等が考えられる」（指針解説第3－Ⅱ－3－(1)－③）と定められている。当然ながら、通報の受付・調査・是正措置等を担当する従事者は、内部通報システムの根幹を担う役職員であり、かかる役職員に対する研修は非常に重要であることはいうまでもない。

　その内容としては、従事者が負うことになる法定守秘義務の内容、違反した場合の刑事罰はもちろん含まれる必要があるし、通報者を特定させる事項に限らない通報に関する情報の取扱いも含まれる必要があるが、それにとどまらず、通報の受付・調査・是正措置等のそれぞれの段階における実務的留意点を取り上げる必要がある。例えば、調査であれば、どのように調査を進めるかの基本的な流れ、客観証拠の収集方法、ヒアリングの設定方法や事前準備、実際のヒアリング手法、そして、どのように事実認定をするか等も含めた内容とすることが考えられる。

　また、取引先の役職員からの通報についても、内部通報（内容によっては内部公益通報）に該当する可能性があるため、その対応を誤らないようにするための注意喚起を行うことも重要である。

　このような具体的な内容については、一方的な講義形式よりも、参加者同士のディスカッション、演習・デモンストレーション（模擬ヒアリング）、個別の具体的な事案について参加者も含めた勉強会・ワークショップ形式など、様々な方法が考えられるところである。

　なお、指針解説によれば、「従事者に対する教育については、公益通報対応業務に従事する頻度等の実態に応じて内容が異なり得る」（指針解説

第3 − II − 3 −(1)−③）と定められているとおり、従事者といっても、その具体的な担当業務の内容は様々であるため、かかる研修等のあり方もまた様々であると考えられる。

また、包括的に指定されている従事者への教育はもとより、調査や是正措置等に関して個別・追加的に指定される従事者への教育も必要になるため、調査や是正措置の検討を開始するに当たって速やかかつスムーズに業務に当たることができるよう、留意点等について簡単な説明資料（マニュアルや研修動画等）を用意しておくことも有益と考えられる。

ウ　その他の周知方法

㈎　一般的周知

Q 88　研修を行うほかに、法や内部公益通報対応体制についての周知方法には、どのようなものが考えられるか

A　イントラネット等の社内サイト、ポスター、携帯用カード、比較的コンパクトな制度説明用のハンドブックや資料、FAQ、アンケートの活用など、様々な手法が考えられる。

········ 解　説 ···

内部通報に関する取組みの周知方法には、様々な方法が考えられる。

以前から幅広く行われている方法として、まず、イントラネット等の社内サイト、ポスター、携帯用カードの利用が挙げられる。オフィスでコンピュータを利用する業務が中心の企業であれば、イントラネット等の社内サイトが中心となるであろうし、工場等でコンピュータを利用しない従業員がいる場合、ポスターや携帯用カードでの周知が重要となる。

これら以外にも有用なのが、比較的コンパクトな制度説明用のハンドブックやFAQなどの活用である。内部規程のみでは一般従業員にはその

具体的内容は分かりづらく、また、運用側の役職員向けのマニュアルは一般従業員向けの内容ではないため、このような一般従業員向けの資料が重要となる。手法としては、コンパクトな動画やe-Learningコンテンツを活用する例もある。

さらに、社内で幅広くアンケートをとることで、周知を図る方法も有効である。

これらの取組みにおいては、例えば、経営トップからの強いメッセージを含めることも、大きな効果が期待される。

　㈠　退職者に対する周知

Q 89 退職者に対する法・制度の周知はどのように行えばよいか

A　例えば、在職中に、退職後も通報ができることを教育・周知すること等が考えられる。

········ 解　説 ········

法改正により退職後1年以内の退職者が公益通報者の範囲に含まれたことを受け、指針は、退職者についても、教育・周知の対象として明記している（指針第4－3－(1)－イ）。

一方で、退職者に個別に連絡をとったり、退職者を対象とする研修を行ったりする等の方法は、必ずしも現実的ではない。

この点、指針解説によれば、「例えば、在職中に、退職後も公益通報ができることを教育・周知すること等が考えられる」（指針解説第3－Ⅱ－3－(1)－③）と定められている。また、これ以外でも、例えば、インターネット上の自社ウェブサイトに、退職者も利用対象者に含まれる旨を記載しておく方法（消費者庁Q&A「内部公益通報対応体制の整備に関するQ&A」Q31参照）や、退職時の交付資料に内部通報制度に関する情報（連絡先等）を記載しておく方法なども考えられる。

エ　質問・相談対応

Q 90
内部公益通報対応体制の仕組みや不利益取扱いに関する質問・相談に対応するための体制としては、どのようなものが考えられるか

A　内部公益通報受付窓口以外において対応すること、内部公益通報受付窓口において一元的に対応することのいずれも可能である。

········· 解　説 ···

　指針によれば、「労働者等及び役員並びに退職者から寄せられる、内部公益通報対応体制の仕組みや不利益な取扱いに関する質問・相談に対応する」ことが定められている（指針第4 − 3 −(1)−ロ）。この点、指針解説によれば、「労働者等及び役員並びに退職者の認識を高めるためには、事業者の側において能動的に周知するだけではなく、労働者等及び役員並びに退職者が質問や相談を行った際に、適時に情報提供ができる仕組みも必要である」（指針解説第3 − II − 3 −(1)−②）と定められている。

　また、具体的な取組みについては、指針解説によれば、「内部公益通報受付窓口以外において対応することや、内部公益通報受付窓口において一元的に対応することのいずれも可能」（指針解説第3 − II − 3 −(1)−③）と定められている。

(3)　運用実績の開示

ア　運用実績開示の重要性

Q 91
指針・指針解説が内部公益通報に関する運用実績の概要の開示を要求している理由は何か

Ⓐ 運用実績の概要の開示により、内部公益通報を行うことによって法令等違反行為が是正されることに対する役職員の期待感を高め、これにより内部通報に関する取組みの実効性を高めることが期待されるためである。

········· 解 説 ···

指針によれば、「内部公益通報受付窓口に寄せられた内部公益通報に関する運用実績の概要を、適正な業務の遂行及び利害関係人の秘密、信用、名誉、プライバシー等の保護に支障がない範囲において労働者等及び役員に開示する」（指針第4－3－(3)－ハ）と定められているため、運用実績の概要の社内開示が求められている。

この趣旨について、指針解説によれば、「内部公益通報が適切になされるためには、内部公益通報を行うことによって法令違反行為が是正されることに対する労働者等及び役員の期待感を高めることが必要であり、そのためには、個人情報の保護等に十分配慮しつつ、事業者の内部公益通報対応体制が適切に機能していることを示す実績を労働者等及び役員に開示することが必要である」（指針解説第3－Ⅱ－3－(3)－②）と定められている。

内部通報に関する取組みへの信頼を高め、実際に機能する内部通報システムにするためには、運用実績の開示をどのように行うかが非常に重要な取組みとなることを実感させられることも多いところである。

イ　運用実績の概要の具体的内容

開示する必要のある運用実績の概要の具体的な内容について、指針解説によれば、以下のとおり例示されている（指針解説第3－Ⅱ－3－(3)－③）。

・過去一定期間における通報件数
・是正の有無
・対応の概要
・内部公益通報を行いやすくするための活動状況

まず、通報窓口が利用された件数については、数字だけで評価することは必ずしも容易ではないことに留意する必要がある。例えば、コンプライアンス上の問題より人間関係の不満に関する通報が大半である場合もあれば、コンプライアンスの取組みが推進されたり、職制上のレポーティングラインでの対応が機能したりして通報窓口が利用された件数が少ない場合もある。しかし、それでも、これだけの件数がある、ということを開示することは、通報を躊躇する利用対象者に対し、背中を押す効果が期待できる場合があるので、通報窓口が利用された件数の開示は検討する必要がある。

　また、是正の有無や対応の概要についての開示については、特に通報者を特定させたり特定が容易になったりする事態を生じさせないよう十分に留意する必要がある。時期や部門、内容の具体性を高めてしまうと、誰が通報したのかが特定されてしまうおそれが高まる。そのため、開示に当たっては、あらかじめ通報者に対して、この程度の概要を開示することに支障がないかを確認したり、明らかに通報者が特定されるおそれがない程度にまで抽象度を高めたりすることが考えられる。そのような抽象的な開示であっても、どのような通報がなされ、それにより会社がどう変わったのかという情報が開示されると、「自分もこのような通報をしてもよいのだ」「会社からそのような通報が期待されているのだ」という肯定的なメッセージとして、内部通報を促進する効果が期待できると思われる。

　そして、通報を行いやすくするための活動状況として、内部規程の整備や体制整備等に関する社内での各種教育・周知活動、経営トップ等によるメッセージ発信の状況等を開示することも考えられる。

13 | 定期的な評価・点検・改善

(1) 指針・指針解説の要請

指針によれば、内部公益通報対応体制を実効的に機能させるための措置として、「内部公益通報対応体制の定期的な評価・点検を実施し、必要に応じて内部公益通報対応体制の改善を行う」と定められている（指針第4－3－(3)－ロ）。

このような定期的な評価・点検・改善の必要性について、指針解説によれば、「内部公益通報対応体制の在り方は、事業者の規模、組織形態、業態、法令違反行為が発生するリスクの程度、ステークホルダーの多寡、労働者等及び役員並びに退職者の内部公益通報対応体制の活用状況、その時々における社会背景等によって異なり得るものであり、状況に応じて、継続的に改善することが求められる。そのためには、記録を適切に作成・保管し、当該記録に基づき、評価・点検を定期的に実施し、その結果を踏まえ、組織の長や幹部の責任の下で、対応の在り方の適切さについて再検討する等の措置が必要である」と定められている（指針解説第3－Ⅱ－3－(3)－②）。

(2) 指針解説に示された具体例

指針解説は、定期的な評価・点検の方法について、以下の具体例を示している（指針解説第3－Ⅱ－3－(3)－③）。
・労働者等及び役員に対する内部公益通報対応体制の周知度等についてのアンケート調査（匿名アンケートも考えられる）
・担当の従事者間における公益通報対応業務の改善点についての意見交

換

・内部監査及び中立・公正な外部の専門家等による公益通報対応業務の
改善点等（整備・運用の状況・実績、周知・研修の効果、労働者等及び役
員の制度への信頼度、指針に準拠していない事項がある場合にはその理由、
今後の課題等）の確認

以下各記載項目について、解説を加える。

(3) アンケートの活用

Q 92 指針解説が、定期的な評価・点検の方法として記載する「労
働者等及び役員に対する内部公益通報対応体制の周知度等についての
アンケート調査」を行う際には、どのような工夫が考えられるか

A 例えば、企業として重大なリスクと捉えている事象が実際に起きて
いないか質問することで、内部通報制度とは異なる形でリスク情報を
受け取ることが期待できる上に、このような情報はアンケートをまた
ずとも内部通報を行ってもらうことが期待されている、というメッ
セージを発信することができる。

········ 解 説 ···

まず、指針解説が規定するアンケート内容における「周知度」として
は、具体的には、通報可能な事象（特にどのようなリスク情報を求めている
か）、通報者・調査協力者の保護に関するルール、いざというときに内部
通報を行いたいと考えるかどうか等について質問することで、役職員の内
部通報に関する理解を深め、その実効性を高めることが期待できると考え
られる。

また、周知度以外でも、例えば、企業として重大なリスクと捉えている
事象が実際に起きていないかについて質問することも考えられる。このよ

うにリスク情報についてのアンケートを行うことで、実際に存在している
リスク情報を受け取ることが期待できる。そして、企業としては、アン
ケートを実施したり、その結果をフィードバックしたりする際に、このよ
うな情報の内部通報も期待されていることや、通報を理由とする不利益取
扱いは禁止されていることをアンケート対象者に伝えることができると考
えられる。

　なお、アンケートを行うに際しては、匿名と実名のいずれとするかを検
討することが重要である。すなわち、匿名アンケートは回答がしやすい一
方で、アンケート内容のフォローアップ調査等の実効性は下がる。逆に、
実名アンケートは回答に躊躇することがあり得る一方で、アンケート内容
のフォローアップ調査等の実効性は高い。この点、単純にどちらがよいと
判断することはできないため、交互に行ったり、外部業者を利用した実名
アンケートとして企業との関係では匿名性を確保したりするなどの工夫が
あり得ると考えられる。

(4)　従事者間での意見交換

Q 93　従事者その他担当者間で内部通報に関する対応業務の改善点
について意見交換をする際には、どのような工夫が考えられるか

A　定期的に意見交換を行う計画を立てること、事例を用いた参加型の
ワークショップを行うこと、モデレーターとして外部専門家を活用す
ること、意見交換の内容を実際に改善に結びつけたり改善点を社内に
情報開示したりすることなどが考えられる。

………　解　説　………
　定期的な評価・点検・改善の具体的手法として、実際に、受付・調査・
是正措置等に当たっている従事者その他の担当者の間で意見交換を行うこ

とは、具体的な問題点に迫り、どのように改善していくかというポイント
を整理する観点で、重要な意味を有する。かかる取組みには、従事者その
他の担当者のスキルアップやサポートという副次的効果も期待できるとこ
ろである。

　このような意見交換については、まず、定期的に行う計画を立てること
が有益である。上記のとおり、指針も「定期的な」評価・点検を求めてい
るため、年間計画等としてあらかじめ定めておくことが望ましい。

　また、事例を用いた参加型のワークショップを行うことも有益である。
従事者その他の担当者にとっては、もちろん講義形式で法令（指針・指針
解説を含む）、内部規程、その他の受付・調査・是正措置等に関する留意
点等を学ぶことは重要であるが、それに加えて、事例を用いた参加型の
ワークショップにより、自ら積極的に参加し自身の理解を再確認したり見
直したりする機会を設けることで、実際に業務を担当する中での気付きや
疑問・問題点等を炙り出すことが期待できる。ワークショップを行う際に
は、全員の参加を促すモデレーターの存在が重要であるが、例えば、通報
対応業務の経験が長いコンプライアンス部門等の役職員や外部専門家が務
めることが考えられる。社内の従事者のみで行うことにより、気軽かつ率
直にやり取りすることができる面がある上、特にモデレーターを務める役
職員は、自ら主体的に論点を整理するなどしてレベルアップにつながると
もいえる。他方で、弁護士等の外部専門家をモデレーターとして活用すれ
ば、外部専門家の知見を吸収する機会とすることなども期待できる。

　そして、このように様々な工夫をもって行う意見交換の内容について
は、それを実際に業務の改善に結びつけたり、改善点を社内に情報開示し
たりすることが重要な意味を有する。議論をしてそれで満足してしまい、
具体的な改善に結びついていない例が少なくないように感じるので、意見
交換に参加した役職員は、かかる観点に留意することも重要である。

(5) 内部監査

Q 94　内部監査により改善点等を確認する際に留意すべきポイントとしては、どのような点が考えられるか

A　前提として内部監査部門が内部通報に関する取組みの意義や制度趣旨・内容等を正確に理解すること、また、利用対象者である従業員等に対し、通報内容等の情報が内部監査を通じて経営トップを含む経営幹部に筒抜けになるのではないかといった懸念を払拭することが重要である。

········· 解　説 ··

コンプライアンスやリスク管理体制のPDCAを回す上で、内部通報に関する取組みについても内部監査の対象に組み込むことが、重要な意義を有する。

指針解説は、内部監査部門が行う改善点等の検証の内容として、「整備・運用の状況・実績、周知・研修の効果、労働者等及び役員の制度への信頼度、本指針に準拠していない事項がある場合にはその理由、今後の課題等」を列挙している（指針解説第3－Ⅱ－3－(3)－③）。

これらを的確に監査するためには、まず前提として、内部監査部門が内部通報に関する取組みの意義や制度趣旨・内容等を正確に理解することが必要となる。そのため、内部監査部門に対する研修等も重要となるが、これを行っている企業は決して多くないように感じるので、今後の評価・点検・改善のためには、重要な実務的ポイントとなると考えている。

また、内部監査による改善点の確認に際しては、利用対象者である従業員等に対し、通報内容等の情報が内部監査を通じて経営トップを含む経営幹部に筒抜けになるのではないかといった懸念を払拭することが重要であ

る。特に、内部監査部門が経営トップ直下に置かれている企業も少なくないところ、通報内容等の情報が内部監査を通じて経営トップに筒抜けになるのではないかといった懸念を従業員等が抱く可能性が否定できない。したがって、内部監査を行うに当たっては、通報者が特定される事項を認識されないようにするか、仮に認識されたとしても経営トップを含む経営幹部には共有しないようにするか、工夫しなければならない。なお、通報者が特定される事項を内部監査部門が認識されてしまう状況下で内部監査を行う場合には、当該内部監査を行う役職員について従事者指定が必要となることにも留意すべきである。

　なお、内部監査部門が通報窓口での受付や調査等の業務を担当している場合には、その点検については、自己監査となることを回避するため、次項で解説する外部専門家等を活用して適切な対応がなされていることをチェックすることになるであろう。

⑹　外部専門家等の活用

Q 95　指針解説が、定期的な評価・点検を受ける例として記載する中立・公正な外部の専門家等としては、どのような者が考えられるか

A　内部通報に関する取組みの実務やコンプライアンス・ガバナンス等に精通する弁護士や、従業員等を対象としたアンケート等を行ってその結果を分析する外部専門業者やコンサルティング業者、あるいは、社外取締役や社外監査役等が考えられる。

········· 解　説 ···
　指針解説は、上記のとおり、定期的な評価・点検の例として、「中立・公正な外部の専門家等」による通報対応業務の改善点等の確認を挙げる（指針解説第 3 − Ⅱ − 3 −⑶−③）。

この外部専門家の例としては、まず、内部通報に関する取組みの実務や
コンプライアンス・ガバナンス等に精通した弁護士が考えられる。かかる
弁護士であれば、法（指針・指針解説を含む）やそれに基づく実務に関し、
他社事例・動向等も踏まえたサポートが期待できる。

　また、外部の専門家等としては、弁護士以外でも、従業員等を対象とし
たアンケート等を行ってその結果を分析する外部専門業者やコンサルティ
ング業者も考えられる。

　さらに、純粋な「外部」ではないが、例えば、社外取締役や社外監査
役、あるいは、社外ではなくとも常勤監査役が、外部的な観点や一定の独
立性をもって、かかる点検を行うことも有益であると考えられる。

　なお、これらの外部専門家等に対し、通報者が特定される事項を共有す
る場合には、これらの者について従事者指定が必要となることにも留意す
べきである。

おわりに

　私たちは、消費者庁が2016年12月に「公益通報者保護法を踏まえた内部通報制度の整備・運用に関する民間事業者向けガイドライン」を大きく改正したことを受けて、2017年5月、株式会社きんざい出版部（当時）のご協力を得た上で『これからの内部通報システム』と題する書籍を出版した。

　公益通報者保護法の改正法が2022年6月1日に施行されたことを受けて、同ガイドラインは、消費者庁が公表した指針及び指針解説に取り込まれる形になったが、それらの内容は、同ガイドラインが示していた内容を大きく変更したものではなく、改正法に関する内容が加わったものである。そのため、本書は、私たちが『これからの内部通報システム』と題する書籍に記載した考え方について大きな変更はないものの、改正法を踏まえた実務的な内容としている。

　このような本書の締め括りとして私たちが強調したいのは、『これからの内部通報システム』という書籍の「おわりに」でも記載したことと同様、企業の経営トップや幹部としては、改正法を踏まえ、内部通報制度の整備・運用を強化し、ガバナンスラインを設置するだけではなく、職制上のレポーティングラインの機能も強化して、内部通報システム全体の構築に努めなければならないという点である（図表参照）。

　内部通報制度の整備・運用の強化のみならず、職制上のレポーティングラインの機能の強化、ひいては、内部通報システム全体の構築は、改正法に向けた準備をしたからといって、直ちに達成できるような簡単なテーマではない。長年にわたる努力の積み重ねが必須となる非常に重要な課題であり、また、企業の風土・文化とも関係するため、その取組みには終わりがない永続的なテーマといっても過言ではない。

図表　内部通報システム全体の構築に向けて

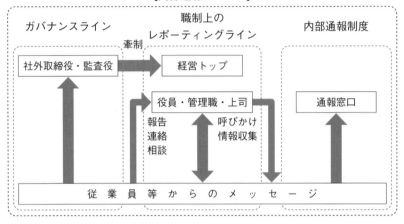

ただ、そのようなテーマだからこそ、真剣に取り組む企業と、そうでは
ない企業との間には、体質の健全性に明らかな格差が生じることになる。
その格差が、ステークホルダーからの評価の格差につながり、ひいては、
企業の競争力の格差につながることになる。そして、そのような格差から
生まれる優位性は、長年にわたる努力の積み重ねの結果として生まれるも
のであるから、そう簡単に追い抜かれるものではない。もちろん、このよ
うな努力をして積み重ねて築き上げた評価も、信用を失墜する不祥事を起
こせば瞬時にして毀損してしまいかねないものではあるが、内部通報シス
テムを構築できている企業であれば、早期に不正行為等の存在を把握し、
自ら調査を行って是正措置や再発防止策を講じることができる可能性も高
く、そのようなレベルの不祥事を起こす可能性も低いといえる。

　改正法、指針及び指針解説が示した内容は、本書において実務的な観点
から解説した内容からもご理解いただけるとは思うが、どのようなレベル
での実践を目指すか次第では非常に奥深いものである。読者の皆様が所属
又は関係する企業が、公益通報者保護法に違反していないとの評価にとど

まる企業を目指すのか、それとも、内部通報システムを構築できていると評価される企業を目指すのかによって、その取組みは大きく異なるだろうが、私たちとしては、是非とも、ステークホルダーからの高い信頼を得たり、企業としての競争力を高めたりするべく、内部通報システムを構築できていると評価される企業を目指していただきたいし、そのために本書をご活用いただきたいと考えている。内部通報システムの構築に向けた取組みが、より多くの企業のコンプライアンス経営を進化させることを心から願っている。

資　　料

（消費者庁ウェブサイト「公益通報者保護制度」「事業者の体制整備等に関する必読資料」（参考）より）

内部通報に関する内部規程例
（遵守事項＋推奨事項版）

2022年1月

弁護士法人ほくと総合法律事務所	弁護士	中原	健夫
のぞみ総合法律事務所	弁護士	結城	大輔
堂島法律事務所	弁護士	横瀬	大輝

本規程例は、内部通報制度を自社に導入するに当たりどのような規程を制定すれば良いのか分からないという事業者の声を踏まえ、著者が、消費者庁及び一般社団法人日本経済団体連合会共催のセミナーにおいて、著者による説明資料の補助資料として作成したものである。

本規程は、消費者庁として公式に認定したものではなく、事業者による独自の定めを妨げるものではない。

内部通報に関する内部規程例（遵守事項＋推奨事項版）[1,2]

第1章　総　　則

第1条（目的）

　本規程は、代表取締役社長の責任のもと、当社並びに当社労働者及び役員についての法令等に違反する行為等に関する内部通報への適正な対応の仕組みを定めることにより、法令等違反行為の早期発見と是正を図り、もって、コンプライアンス経営を実践することを目的とする。

第2条（定義）

1．本規程において「法令等違反行為」とは、当社並びに当社労働者及び役員による法令等に違反する行為又は当社が定める各種内部規程に違反する行為をいい、「通報対象行為」とは、法令等違反行為又はそのおそれのある行為をいう。

2．本規程において「労働者」とは、正社員、契約社員、嘱託社員、パー

1　本規程例（遵守事項＋推奨事項版）は、指針解説の「指針を遵守するための考え方や具体例」のみならず「その他に推奨される考え方や具体例」についてもできる限り反映することに努めたものとして作成されているが、それらを網羅的に反映したものではなく、また、指針及び指針解説に記載されていても内部規程に記載することになじまない事項については含まれていない。また、指針は公益通報を対象としているが、事業者としては公益通報に限らず内部通報全般を対象とするのが一般的であるため、その前提で作成されており、また、作成者として望ましいと考えた内容も含むものとして作成されている。なお、グループ会社の労働者及び役員に窓口を利用させることを想定していないケースとして作成されたものであるため、利用対象者の範囲を広げる場合は、適宜ご検討いただきたい。

2　本規程例に定める事項を全て網羅できなければ、指針が求める内部規程と評価されないというものではなく、あくまで事業者にとっての参考資料として提示するものであり、事業者の創意工夫を妨げるものではない。他方、本規程例をそのまま採用すれば、指針が求める内部規程として十分であることを保証するものでもなく、特に本件窓口に通報（内部公益通報を含む。）された事案の取扱いについて、実務的な手引き等を作成しておくことが重要である。

ト、アルバイト及び派遣労働者をいう。

3．本規程において「通報」とは、当社並びに当社労働者及び役員による通報対象行為を知らせることをいい、「相談」とは、通報に先立ち又は通報に関連して必要な助言を受けることをいう。

4．本規程において「内部公益通報」とは、通報のうち公益通報者保護法第3条第1号及び第6条第1号に定める公益通報をいう[3]。

5．本規程において「本件窓口」とは、第4条第1項及び第2項に定める通報を受け付けるための内部窓口並びに外部窓口の総称をいう。

6．本規程において「公益通報対応業務」とは、内部公益通報を受け、並びに当該内部公益通報に係る通報対象事案の調査をし、及びその是正に必要な措置をとる業務をいう[4]。

7．本規程において「従事者」とは、公益通報対応業務に従事する者をいう[5]。

8．本規程において「利用対象者」とは、本件窓口を利用できる者をいう。

9．本規程において「本件窓口利用者」とは、本件窓口に対して通報又は相談を行った利用対象者をいう。

10．本規程において「対象事案」とは、本件窓口に対して通報又は相談が行われた通報対象行為をいう。

11．本規程において「調査協力者」とは、対象事案に関する調査に協力した者をいう。

12．本規程において「被通報者」とは、通報対象行為を行い又は行おうと

3　公益通報者保護法の改正に伴う対応として、少なくとも内部公益通報について公益通報対応業務従事者の指定を行う必要があるため、定義を設けている。なお、本規程及び脚注の公益通報者保護法とは、改正法施行後の公益通報者保護法を指している。

4　脚注3と同じ。

5　脚注3と同じ。

しているとして通報された者をいう。

13. 本規程において「本件窓口担当者」とは、本件窓口において通報又は相談を受け付ける者をいう。

14. 本規程において「調査担当者」とは、対象事案に関する調査に関与する者をいう。

15. 本規程において「処分等」とは、当社就業規則に定める懲戒処分を含むが、これに限らず、口頭での指導や注意を含め、当社が行うことができる一切の措置をいう。

16. 本規程において「不利益な取扱い」とは、解雇、懲戒処分、降格、減給、不利益な配転・出向・転籍、退職勧奨、更新拒否、損害賠償請求、事実上の嫌がらせ、退職金等における不利益な取扱い、その他の一切の不利益な取扱いをいう。

17. 本規程において「職制上のレポーティングライン」とは、当社取締役のほか、各々の当社労働者及び役員にとっての上長（直属の上長に限られない。）をいう。

18. 本規程において「是正措置等」とは是正措置及び再発防止策をあわせたものをいう[6]。

第2章　内部通報の体制整備

第3条（内部通報の体制整備）

1. 当社内において、通報に適切に対応するための体制を整備し、代表取締役社長がこれを総括する。

2. コンプライアンス部は、代表取締役社長の指示に基づき、本規程に基

6　公益通報者保護法第11条第1項は「是正に必要な措置」と定めているところ、当該措置には、法令等違反行為が認められた場合に当該行為を是正する措置のみならず、同様の法令等違反行為を再発させないための措置も含まれると解されるため、本規程例では、それらを併せて「是正措置等」と定めている。

づく制度の整備、当社労働者及び役員に対する広報、定期的な研修、説明会その他適切な方法による周知徹底及び内部通報制度の運用の高度化に取り組むとともに、通報又は相談の受付から、それらへの対応を完了するまでの一連の業務を適切に管理する。

3．コンプライアンス部は、本規程に係る業務執行状況について、代表取締役社長及びコンプライアンス部担当役員に報告する[7]。

4．部・支店の長を法令等遵守担当者とする。法令等遵守担当者は、コンプライアンス部の指示に基づき法令等違反行為の有無の調査を行うとともに、是正措置等の実行、通報に関する秘密の保持、本件窓口利用者又は調査協力者に対する不利益な取扱いの防止等に取り組む。

第4条（窓口及び利用対象者）

1．通報又は相談を受け付ける内部窓口を以下のとおり設置する[8]。

(1) コンプライアンス部（以下「コンプライアンス部窓口」という。）

(2) 監査役（以下「監査役窓口」という。）[9]

2．通報を受け付ける外部窓口を以下のとおり設置する[10]。

(1) X法律事務所

(2) Y社

7　報告する基準を別に定める必要があると思われる。

8　本規程例は、人事部門等が設置するハラスメント窓口の規程例ではないため、別途ハラスメント窓口に関する規程の修正要否を検討する必要がある。

9　指針及び指針解説は「組織の長その他幹部からの独立性の確保に関する措置」を求めているところ、本規程例は、その一例として、監査役設置会社を前提に経営陣から独立した内部窓口を監査役が担うことにより、当該措置を講じることを想定している。監査役会設置会社の場合は、常勤監査役等、特定の監査役を窓口とすることも考えられる。また、監査役会事務局や監査役室の従業員も通報又は相談を閲覧できるようにするケースもあり得るところ、そのようなケースは、その旨を明らかにした上で当該従業員も従事者として指定する必要がある。

10　指針解説において「中立性・公正性に疑義が生じるおそれ又は利益相反が生じるおそれがある法律事務所や民間の専門機関等の起用は避けることが適当である」と記載されているため、外部窓口の中立性・公正性に疑義が生じるおそれ及び利益相反が生じるおそれがないような措置をとることが考えられる。

3．コンプライアンス部窓口及び外部窓口は全ての通報対象行為を受け付けるものとし、監査役窓口は当社役員又は当社執行役員に関係する通報対象行為を受け付ける[11]。

4．コンプライアンス部窓口及び外部窓口において当社役員又は当社執行役員に関係する又は関係すると疑われる通報対象行為を受け付けた場合は、監査役との間で、その後の方針について協議を行う[12]。

5．本件窓口において内部公益通報を受ける次の各号に定める者は、本規程により従事者として指定される[13]。なお、当社は、当該従事者に対し、従事者の地位に就くことが当該者自身に明らかとなる方法により伝達する。

(1) コンプライアンス窓口を担当する当社労働者及び役員

(2) 監査役窓口を担当する当社労働者及び役員

(3) X法律事務所の当社担当弁護士

(4) Y社の当社担当労働者及び役員

6．利用対象者は、当社労働者及び役員並びにそれらであった者とする[14]。

11　監査役が内部窓口を担う場合には、通報対象となる範囲を限定するケースが多いと思われるため、本規程例は、一定の職位以上の者に関係する通報対象行為に限定している。

12　指針及び指針解説が「組織の長その他幹部からの独立性の確保に関する措置」を求めているため、その点に配慮した内容を定めている。

13　公益通報者保護法の改正に伴う対応として、少なくとも内部公益通報を受ける者を公益通報対応業務従事者として指定する必要があるため、予め包括的に指定する旨の条項を定めている。本規程により従事者指定された者に対しては、別途書面等によりその旨を知らせる必要がある。なお、本規程例は、監査役も内部窓口としているため、役員である監査役も指定対象となる。

14　利用対象者に、取引先の労働者及び役員など各事業者の法令等の遵守を確保するうえで必要と認められるその他の者を含めることも考えられる。なお、公益通報者保護法第2条第1項は、取引先の労働者及び役員からの通報であっても公益通報に該当する場合がある旨を定めているところ、本規程例は当社の労働者及び役員に適用されるものとして作成しているため、取引先の労働者及び役員を本規程の利用対象者として定めていないが、別途取引先の労働者及び役員からの自社にとっての内部公益通報を受ける方法を検討する必要がある。

7．利用対象者は、職制上のレポーティングラインに対して通報できる
　が、当該通報の有無にかかわらず、本件窓口を利用することができる。

8．利用対象者は、匿名であっても本件窓口を利用することができる。

9．利用対象者は、内部通報の体制や不利益な取扱い等に関する相談を行
　うためにも本件窓口を利用することができる。

第5条（通報又は相談の方法）[15]

　本件窓口の利用方法は、利用対象者の利便性を高めるため、電話、電子
メール、FAX、郵送又は面談とし、本件窓口ごとの利用方法は別に定め
る。但し、当該利用方法以外により通報又は相談が行われた場合であって
も、本件窓口が利用されたものとして取り扱うことができる。

第6条（範囲外共有の防止[16]を含めた情報管理）

1．本件窓口利用者からの通報又は相談により得た情報は、当社が別に定
　める範囲以外に共有しないものとする[17]。

2．調査協力者から得た情報は、当社が別に定める範囲以外に共有しない
　ものとする[18]。

第7条（調査）

1．本件窓口に通報された対象事案については、正当な理由がある場合を
　除いて、必要な調査を実施しなければならない。

15　本規程は、できる限り多くの方法を選択できるような設計を前提としているが、
　事業者の実情に合わせて方法を定めることが考えられる。

16　指針及び指針解説が「範囲外共有等の防止に関する措置」を求めているところ、
　指針に定める「範囲外共有」とは、公益通報者を特定させる事項を必要最小限の範
　囲を超えて共有する行為を指す。もっとも、本規程例では、公益通報者保護法に定
　める内部公益通報に限らず広く内部通報を受け付けることとしているため、指針に
　定める範囲外共有の範囲に限らず、細則において、通報者や調査協力者を特定させ
　る事項とそれ以外の事項に分けて情報管理に関する詳細な定めを設けている。なお、
　従事者は、公益通報者保護法第12条により守秘義務を負うが、本規程例は公益通報
　に限らず内部通報全般を対象としているため、細則において、同条の守秘義務より
　も詳細な定めを設けている。

17　「別に定める範囲」の例は、本規程例13〜15頁に掲げている。

18　「別に定める範囲」の例は、本規程例13〜15頁に掲げている。

2．本件窓口に通報された内部公益通報に該当する対象事案の調査を担当するコンプライアンス部に所属する者は、本規程により従事者として指定される[19]。なお、当社は、当該従事者に対し、従事者の地位に就くことが当該者自身に明らかとなる方法により伝達する。

3．次の各号に定める対象事案以外に関する調査は、コンプライアンス部が行う[20]。但し、コンプライアンス部の担当役員又は部長は、当該対象事案に関する十分な調査を行うために必要と判断した場合には、当該事案に関連する部門の担当役員若しくは法令等遵守担当者や対象事案に対する権限を所管する部門等、コンプライアンス部以外にも調査を行わせることができる。

(1) 監査役窓口に通報された対象事案

(2) 第4条第2項に定める外部窓口に通報された対象事案のうち本件窓口利用者がコンプライアンス部に対する情報提供を拒否した対象事案

(3) 第4条第4項に定める協議を経て監査役が調査を行うこととなった対象事案

4．コンプライアンス部の担当役員又は部長は、前項に基づきコンプライアンス部による対象事案の調査を行う者に対して本件窓口利用者を特定させる事項を伝達される場合には、従事者の地位に就くことが当該者に明らかとなる方法により、当該者を従事者として指定する[21]。

19　公益通報者保護法の改正に伴う対応として、少なくとも内部公益通報を調査する者を公益通報対応業務従事者として指定する必要があり、受付のみならず調査についても予め包括的に指定することも考えられる。

20　通報者に対する不利益な取扱いを抑止するためには、調査が通報を端緒としたものであることを秘匿することが重要である。このため、通報事案に関する調査については、それ以外の事案についても日頃から調査を行っている部門が責任主体となることが望ましい。通報された事案以外の事案について別の部門が日頃から調査を行っている場合に、通報を取り扱う部門が通報された事案について調査を行ってしまうと、通報を端緒とした調査であることが容易に判明してしまうからである。本規程例は、本件窓口に通報された事案以外の事案についても日頃からコンプライアンス部が調査を行っていることを前提としたものである。

5．コンプライアンス部より調査指示を受けた者は、速やかに調査の上、コンプライアンス部に報告する。

6．第3項各号に定める対象事案に関する調査は、監査役が行う。但し、監査役は、当該対象事案に関する十分な調査を行うために必要と判断した場合には、監査役以外にも調査を行わせることができる[22]。

7．監査役は、前項に基づき監査役による対象事案の調査を行う者に対して本件窓口利用者を特定させる事項を伝達される場合には、従事者の地位に就くことが当該者に明らかとなる方法により、当該者を従事者として指定する[23]。

8．本条に定める対象事案に関する調査を行う際に外部の専門家を活用する場合には、当該対象事案について中立性及び公正性に疑義が生じるおそれ及び利益相反が生じるおそれがない専門家を活用しなければならない。

第8条（是正措置等）

1．調査の結果、法令等違反行為が明らかになった場合には、代表取締役社長又は当該法令等違反行為に関連する部門の担当役員若しくは法令等遵守担当者は、速やかに是正措置等を講じなければならない[24]。この場

21　公益通報者保護法の改正に伴う対応として、少なくとも内部公益通報に係る通報対象事案の調査を行い、公益通報者を特定させる事項を伝達される者を公益通報対応業務従事者として指定する必要があるため、条項を定めている。なお、消費者庁より「従事者ではないものが特定させる事項を認識するに至った場合で、当該要件を満たすに至った場合には事後的に従事者に指定すべきと考えます」という考え方が示されているため、例えば、調査担当者が当初は公益通報者を特定させる事項を伝達されていなかったものの、調査の過程で当該事項を認識してしまった場合には、事後的に従事者として指定しなければならないことに留意する必要がある。

22　監査役に対して通報された場合、どのようにして調査を行うかが課題になるが、特に監査役の役割に期待して役員が関与する通報対象行為が通報された場合に、その課題は顕著となる。監査役としては、重大な通報対象行為が通報された場合には、当社の費用負担で外部の専門家に対して調査を依頼できるよう、予め合意しておくことが考えられる。

23　脚注21と同じ。

24　必要があれば、関係行政機関への報告等を行うことになる。

合において、当社役員又は当社執行役員が関係することが認められた対象事案のときは、監査役に対して、是正措置等の対応状況を報告しなければならない。

2．コンプライアンス部の担当役員若しくは部長又は監査役は、内部公益通報された対象事案の是正措置等を検討又は実行する者に対して本件窓口利用者を特定させる事項を伝達される場合には、従事者の地位に就くことが当該者に明らかとなる方法により、当該者を従事者として指定する[25]。

3．調査の結果、当社役員、当社執行役員又は当社部門長が関与する法令等違反行為が明らかになった場合には、代表取締役社長又は当該法令等違反行為に関連する部門の担当役員は、是正措置等を講じるのに先立ち、是正措置等の内容について中立性及び公正性に疑義が生じるおそれ及び利益相反が生じるおそれがない外部の専門家の意見を求めなければならない。

4．代表取締役社長は、法令等違反行為の是正措置等が適切に機能しているかを検証し、適切に機能していないことが判明した場合には、追加の是正措置等を講じるものとする。

第9条（記録）

当社は、本件窓口において受け付けた通報又は相談への対応に関する記録を作成し、少なくとも対応終了後●年間[26]、保管しなければならず、その方法は、情報管理の観点から適切なものによらなければならない。

25　公益通報者保護法の改正に伴う対応として、少なくとも内部公益通報に係る通報対象事案の是正に必要な措置をとる業務を行い、公益通報者を特定させる事項を伝達される者を公益通報対応業務従事者として指定する必要があるため、条項を定めている。

26　評価点検や個別案件処理の必要性等を検討した上で適切な期間を定めることが考えられる。

第3章　窓口への通報又は相談に関する当社労働者及び役員の責務等

第10条（協力義務）[27]

当社労働者及び役員は、対象事案であるか否かにかかわらず、調査に際して協力を求められた場合には協力しなければならず、また、調査を妨害してはならない。

第11条（窓口利用者等の保護）

1．当社労働者及び役員は、本件窓口利用者に対して、本件窓口に通報又は相談したことを理由として、不利益な取扱いを行ってはならない。

2．当社労働者及び役員は、調査協力者に対して、対象事案に関する調査に協力したことを理由として、不利益な取扱いを行ってはならない。

第12条（探索の禁止）

当社労働者及び役員は、本件窓口に通報又は相談した者が誰であるか、対象事案に関する調査に協力した者が誰であるかを探索してはならない。

第13条（秘密保持）[28]

1．当社労働者及び役員は、本規程に定める場合のほか、法令に基づく場合等の正当な理由がない限り、対象事案に関する情報を開示してはならず、当該情報について秘密を保持しなければならない。

2．当社労働者及び役員は、法令に基づく場合等の正当な理由がない限り、対象事案に関する情報を目的外に使用してはならない。

27　調査に関する協力は、本件窓口に通報された事案であるか否かにかかわらず、当社労働者及び役員の義務として定める必要があるため、本規程例に加えて、就業規則等に定めることが考えられる。

28　本規程例第6条の情報管理は、本件窓口利用者からの通報により得た情報や調査協力者から得た情報について、受付・調査・是正措置等に関与する当社労働者及び役員が適切に管理しなければならないという趣旨から定めた条項であるのに対し、本規程例第13条の秘密保持は、それ以外の場合（例えば、調査を受けるなどして対象事案に関する情報を認識した場合）も含め、当社労働者及び役員が当該情報の取扱いに留意しなければならないという趣旨から定めた条項である。

第14条 （利益相反の回避）

1. 当社労働者及び役員は、次の各号のいずれかに該当する場合には、対象事案の調査や法令等違反行為の是正措置等の検討に関与することはできない。

   (1) 法令等違反行為の発覚や調査の結果により実質的に不利益を受ける者（被通報者に限らない。）

   (2) 本件窓口利用者又は被通報者と親族関係にある者

   (3) その他、公正な対象事案の調査や法令等違反行為の是正措置等の検討の実施を阻害しうる者

2. 当社労働者及び役員は、対象事案の調査担当者となる時点又は法令等違反行為の是正措置等の検討に関与する時点で、前項各号のいずれにも該当しないことを確認するものとし、前項各号のいずれかに該当する場合には、コンプライアンス部による調査事案の場合はコンプライアンス部長に対し、監査役による調査事案の場合は監査役に対し、報告しなければならない。

3. 報告を受けたコンプライアンス部長又は監査役は、当該労働者及び役員の対象事案への対応の関与可否を判断する。

4. 本件窓口担当者は、自らが第1項各号のいずれかに該当する通報又は相談を受け付けた場合には、他の本件窓口担当者に引き継がなければならない。

第15条 （通知等）

1. 本件窓口担当者は、連絡先の分からない場合を除いて、本件窓口利用者に対して、通報又は相談を受け付けた旨を速やかに通知するとともに、調査開始の有無等についても本件窓口利用者が通報又は相談をした日から20日以内に通知しなければならない。

2. 本件窓口担当者は、連絡先の分からない場合を除いて、本件窓口利用者に対して、対象事案に関する調査の進捗状況について、被通報者及び

調査協力者の信用、名誉、プライバシー等に配慮しつつ、適宜通知しなければならない。

3．本件窓口担当者は、連絡先の分からない場合を除いて、本件窓口利用者に対して、対象事案に関する調査の結果及び是正措置等について、被通報者及び調査協力者の信用、名誉、プライバシー等に配慮しつつ、速やかに通知しなければならない。

4．本件窓口担当者は、対象事案に関する調査の完了後、連絡先の分からない場合を除いて、本件窓口利用者に対して、第11条第1項により禁止される不利益な取扱いを受けているか否かを確認しなければならない。

5．調査担当者は、対象事案に関する調査の完了後、必要に応じ、調査協力者に対して、第11条第2項により禁止される不利益な取扱いを受けているか否かを確認しなければならない。

第16条（職制上のレポーティングラインにおける通報者等の保護等）[29]

1．当社労働者及び役員は、職制上のレポーティングラインに対して通報又は相談を行った者に対して、当該通報又は相談を行ったことを理由として、不利益な取扱いを行ってはならない。

2．当社労働者及び役員は、職制上のレポーティングラインへの通報に関する調査に協力した者に対して、当該調査に協力したことを理由として、不利益な取扱いを行ってはならない。

3．職制上のレポーティングラインに対して行われた通報又は相談についても、当社は、正当な理由がある場合を除いて必要な調査を実施し、その結果を受けて必要な範囲で是正措置等を講じ、それらの記録を適切に

---

[29]　公益通報者保護法第3条第1号及び第6条第1号に定める「当該役務提供先等に対する公益通報」には、本件窓口に対する通報のみならず、職制上のレポーティングラインに対する通報も含まれる可能性が高く、また、本規程例第1条に定める目的を達成するためには、職制上のレポーティングラインに対する通報の取扱いも適切に対応されることが重要であるため、本規程例には、職制上のレポーティングラインへの通報の取扱いも定めている。そのため、本規程例の名称は、「内部通報制度に関する規程」とせず、「内部通報に関する規程」としている。

作成・保管するとともに、当社労働者及び役職員は、前2項の遵守に加えて、範囲外共有の防止を含めた情報管理、探索の禁止、秘密保持、利益相反の回避等に関し、本規程に定める通報及び相談に準じて取り扱う。

第17条（当社以外に公益通報を行った者の保護等）[30]

1. 当社労働者及び役員は、公益通報者保護法第3条第2号及び第3号並びに同法第6条第2号及び第3号に定める保護要件を満たす公益通報を行った者に対して、当該通報を行ったことを理由として、不利益な取扱いを行ってはならない[31]。

2. 当社労働者及び役員は、前項に定める公益通報を行った者を探索してはならず、また、当該者を特定させる事項を当社が認めた範囲以外に共有しないものとする[32]。

第4章　通報又は相談を行う者の責務等

第18条（不正の目的による通報又は相談の禁止等）[33]

1. 当社労働者及び役員は、虚偽の通報又は相談や、他人を誹謗中傷する目的の通報又は相談その他の不正の目的の通報又は相談を行ってはなら

30　指針において公益通報者保護法第2条に定める「処分等の権限を有する行政機関」や「その者に対し当該通報対象事実を通報することがその発生又はこれによる被害の拡大を防止するために必要であると認められる者」に対して公益通報をする者（いわゆる2号通報及び3号通報をする者）についても、不利益な取扱いの防止、範囲外共有の禁止及び通報者の探索防止の対象とされていることから、第6条、第11条及び第12条の対象を内部通報に限定している本規程例では、本条を設けている。

31　公益通報者保護法に定める保護要件を満たさない公益通報者に対して、当該通報を行ったことを理由とする不利益な取扱いが許されるという、いわゆる反対解釈が許容されない点について、教育・研修の対象とする必要がある。

32　内部公益通報以外の公益通報は、個別の事案ごとに情報管理のあり方を検討せざるを得ないため、範囲外共有の防止を含む情報管理は、本規程例第6条と異なり抽象的な定めにとどめている。

33　指針及び指針解説自体に記載はないものの、公益通報者保護法において不正の目的による通報は保護の対象とならないことを踏まえて記載している。ただし、本条文を悪用し通報を妨げるような運用を行うべきではないことに留意する必要がある。

ない。

2．当社労働者及び役員は、調査を受ける場合には、これに誠実に応じなければならず、虚偽を述べてはならない[34]。

3．前2項に違反している可能性が高いと認められる場合には、本規程の定めにかかわらず、当社は、前2項の違反の有無を調査することができる。

第19条（留意事項）

1．本件窓口又は職制上のレポーティングラインに対して通報又は相談した当社労働者及び役員は、通報又は相談した情報が広まるほど自らが不利益な取扱いを受ける可能性が高まることを踏まえて、当該情報の管理に留意するよう努めなければならない。

2．調査に協力した当社労働者及び役員は、調査に関する情報が広まるほど自ら及び前項に定める労働者及び役員が不利益な取扱いを受ける可能性が高まることを踏まえて、当該情報の管理に留意しなければならない。

第5章　処分等・評価

第20条（処分等）

1．本規程の違反行為が明らかになった場合には、当社は、当該行為を行った当社労働者及び役員に対して適切な処分等を課さなければならない。

2．調査の結果、法令等違反行為が明らかになった場合には、当社は、当該法令等違反行為に関与した当社労働者及び役員に対して適切な処分等を課さなければならない[35]。

34　本規程第10条と重複する部分もあるが、通報又は相談を行う者の責務として第4章にも定めている。

35　必要があれば、関係行政機関への報告等を行うことになる。

第21条（自主的な通報の取扱い）

　法令等違反行為に関与した当社労働者及び役員が自主的に本件窓口又は職制上のレポーティングラインに対して通報した場合や調査に協力した場合には、当社は、処分等を減免することがある[36]。

第22条（救済・回復等）

　本規程の違反行為（第6条及び第11条の違反行為を含むが、これらに限られない。）が明らかになった場合には、当社は、当該行為による被害・違反等について、適切な救済・回復措置等を講じなければならない。

第23条（通報に対する評価）

　代表取締役社長は、重大な法令等違反行為の発見及び是正に寄与した本件窓口利用者、調査協力者に対して、積極的な評価を行うものとする。また、本規程の適切な運用を通じて第1条に定める目的のために重要な貢献をした本件窓口担当者及び調査担当者についても同様とする。

第6章　その他

第24条（周知・研修）

1．コンプライアンス部の担当役員は、代表取締役社長を含む全ての当社労働者及び役員に対して、本件窓口の周知並びに本規程の遵守及び公益通報者保護法の理解を促すため、定期的に教育及び研修を行うものとする。

2．コンプライアンス部の担当役員は、個人情報等の保護に配慮した上で、本件窓口の運用実績について当社労働者及び役員に対して周知するものとする。

3．コンプライアンス部の担当役員は、本件窓口担当者及び調査担当者に加え、それらの担当者となる可能性の高い当社労働者及び役員に対し

36　本規程のみならず、賞罰規程に定めるのが一般的であると思われる。

て、本規程の適切な運用を確保するため、定期的に教育及び研修を行う
ものとする。

第25条（本規程に基づく体制の整備、運用及び改善）

1．代表取締役社長は、利用対象者の利便性を高めるため、利用対象者の
意見を聴取した上で、本規程に基づく体制の整備、運用及びその改善に
努めるものとする。

2．コンプライアンス部の担当役員は、代表取締役社長及び監査役に対し
て、本規程に基づく体制の整備及び運用状況等について定期的に報告し
なければならない。

3．代表取締役社長は、本規程に基づく体制の整備及び運用状況等につい
て、定期的に客観的かつ公正な方法による評価、点検等を行うととも
に、必要に応じて改善を行うものとする。

4．代表取締役社長は、本規程に基づく体制の整備及び運用実績の概要等
について、必要に応じて社内外に対して説明するよう努めるものとする。

第26条（所管）

本規程の所管は、コンプライアンス部とする。

第27条（改廃）

本規程の改廃は、コンプライアンス部長が起案の上、取締役会が決議
し、かつ、監査役全員の同意を得なければならない[37]。

附　　則

（実施日）

第1条　この規程は●年●月●日から実施する。

●年●月●日　制定

37　本規程は、監査役窓口の設置を含むため、監査役の同意を得ずして改廃すること
　ができないようにすることが考えられる。なお、監査役窓口に関しては、独立した
　規程とすることも考えられる。

内部通報に関する規程第6条の「別に定める範囲」に関する細則[38]

1. 本件窓口が利用された場合、本件窓口利用者の氏名及び社員番号を含む本件窓口利用者を特定させる情報（以下「窓口利用者特定情報」という[39]。）については、次の各号に定める区分に応じて、当該各号に定める者（以下、次の各号に定める者を総称して「窓口業務関与者」という[40]。）に限り共有する。但し、本件窓口利用者が予め明示的に同意した場合又は調査方針を検討するために他の本件窓口に共有すること若しくは調査のために次項に定める調査業務関与者に共有することが必要不可欠である等の正当な理由がある場合[41]は、この限りではない。

    (1) コンプライアンス部窓口が利用された場合

    　コンプライアンス部の担当役員、部長、対象事案の担当課長及び窓口担当者

    (2) 監査役窓口が利用された場合

38　公益通報者保護法第12条が定める守秘義務及び範囲外共有の対象となるのは「公益通報者を特定させるもの」であるが、情報管理を徹底するため、本細則では「特定させるもの」に限定せず、通報及びその調査に関する情報の取扱いについて詳細に定めている。もっとも、通報及びその調査に関する情報のうち、経営判断を行ったり、是正措置等を講じたりする当社労働者及び役員にとって必要な情報も含まれるため、通報者や調査協力者に対する不利益な取扱いが行われないよう通報及びその調査に関する情報管理の徹底を図りつつ、どのような種類の情報をどのような範囲で情報共有するのかを検討する必要がある。

39　公益通報者保護法第12条が「公益通報者を特定させるもの」と定めているため、その内容を踏まえた表現としている。なお、「本件窓口利用者」の範囲は公益通報者保護法上の公益通報者の範囲と異なるため、本細則における「窓口利用者特定情報」と公益通報者保護法第12条の「公益通報者を特定させるもの」は同一ではない点にご留意いただきたい。

40　本規程例の「本件窓口担当者」と同じ範囲とできれば、異なる略語を設ける必要はない。

41　公益通報者保護法第12条が「正当な理由」と定めており、本人が予め明示的に同意した場合以外もありうることから記載している。もっとも、「正当な理由」が緩やかに解されることがないよう留意しなければならない。なお、脚注39記載のとおり、「窓口利用者特定情報」と公益通報者保護法第12条の「公益通報者を特定させる」事項は同一ではない点にご留意いただきたい。

監査役及び監査役会事務局の対象事案の担当者

(3) 外部窓口が利用された場合

X法律事務所が利用された場合は、X法律事務所の通報受付担当弁護士

Y社が利用された場合は、Y社の通報受付担当者及びその上長

2．前項のほか、本件窓口が利用された場合の窓口利用者特定情報以外の情報（以下「窓口入手情報」という。）は、窓口業務関与者並びに対象事案の調査に関与する当社担当者及び役員並びに外部の専門家（以下「調査業務関与者」という[42]。）に限り共有する。但し、本件窓口利用者が予め明示的に同意した場合又はその他正当な理由がある場合[43]は、この限りではない。

3．前2項のほか、窓口入手情報のうち是正措置等の検討又は実行を行うために必要な範囲の情報は、当該検討又は実行に必要な範囲の当社担当者及び役員並びに外部の専門家に限り共有し[44]、窓口入手情報のうち内部通報の体制整備及び運用状況等を確認するために必要な範囲の情報は、役員会（取締役会及び監査役会をいう。以下同じ。）の構成員及びコンプライアンス委員会（以下「委員会」という。）の委員並びに役員会及び委員会の事務局及び外部の専門家に限り共有する。但し、本件窓口利用者が予め明示的に同意した場合又はその他正当な理由がある場合[45]は、この限りではない。

4．対象事案の調査により得られた情報のうち調査協力者の氏名及び社員番号を含む調査協力者を特定させる情報（以下「調査協力者特定情報」と

42　本規程例の「調査担当者」と同じ範囲とできれば、異なる略語を設ける必要はない。

43　脚注41と同じ。情報管理の徹底のため、窓口利用者特定情報と同様の規定を設けることも考えられる。

44　公益通報者保護法の改正に伴い、公益通報対応業務の定義が設けられたことに伴い、是正措置等を意識した表現を定めている。

45　脚注41と同じ。

いう。）は、調査業務関与者に限り共有する[46、47]。但し、調査協力者が予め明示的に同意した場合又はその他正当な理由がある場合[48]は、この限りではない。

5．前項のほか、調査協力者から得られた調査協力者特定情報以外の情報（以下「調査入手情報」という。）は、窓口業務関与者及び調査業務関与者に限り共有する。但し、調査協力者が予め明示的に同意した場合又はその他正当な理由がある場合[49]は、この限りではない。

6．前2項のほか、調査入手情報のうち是正措置等の検討・実行を行うために必要な範囲の情報は、当該検討・実行に必要な範囲の当社担当者及び役員並びに外部の専門家に限り共有し、調査入手情報のうち、内部通報の体制整備及び運用状況等を確認するために必要な範囲の情報は、役員会の構成員及び委員会の委員並びに役員会及び委員会の事務局及び外部の専門家に限り共有する。但し、調査協力者が予め明示的に同意した場合又はその他正当な理由がある場合[50]は、この限りではない。

7．第2項、第3項及び前2項にかかわらず、法令等違反行為に関する情報は、窓口業務関与者及び調査業務関与者に加えて、必要な範囲で、法令等違反行為の是正措置等の検討に関与する当社担当者及び役員、役員会の構成員及び委員会の委員、役員会及び委員会の事務局並びに必要に応じて行政機関に限り共有する。但し、本件窓口利用者及び調査協力者が予め明示的に同意した場合又はその他正当な理由がある場合[51]は、こ

46　窓口業務関与者の一部や監査役は、調査業務関与者を兼ねることを想定している。

47　「窓口利用者特定情報」は窓口業務関与者に共有しなければ窓口業務を行うことができないが、「調査協力者特定情報」は窓口業務関与者に共有しなくとも窓口業務を行うことができる場合があるため、「調査協力者特定情報」は原則として調査査業務関与者に限り共有することとしている。

48　脚注41と同じ。調査協力者の保護の観点から、窓口利用者特定情報と同様の規定を設けることも考えられる。

49　脚注41と同じ。

50　脚注41と同じ。

51　脚注41と同じ。

の限りではない。

以上

内部通報に関する内部規程例
（遵守事項版）

2022年1月

弁護士法人ほくと総合法律事務所　　弁護士　中原　健夫

のぞみ総合法律事務所　　　　　　　弁護士　結城　大輔

堂島法律事務所　　　　　　　　　　弁護士　横瀬　大輝

本規程例は、内部通報制度を自社に導入するに当たりどのような規程を制定すれば良いのか分からないという事業者の声を踏まえ、著者が、消費者庁及び一般社団法人日本経済団体連合会共催のセミナーにおいて、著者による説明資料の補助資料として作成したものである。

本規程は、消費者庁として公式に認定したものではなく、事業者による独自の定めを妨げるものではない。

内部通報に関する内部規程例（遵守事項版）[1,2]

第1章 総 則

第1条（目的）

本規程は、代表取締役社長の責任のもと、当社並びに当社労働者及び役員についての法令等に違反する行為等に関する内部通報への適正な対応の仕組みを定めることにより、法令等違反行為の早期発見と是正を図り、もって、コンプライアンス経営を実践することを目的とする。

第2条（定義）

1. 本規程において「法令等違反行為」とは、当社並びに当社労働者及び役員による法令等に違反する行為又は当社が定める各種内部規程に違反する行為をいい、「通報対象行為」とは、法令等違反行為又はそのおそれのある行為をいう[3]。

2. 本規程において「労働者」とは、正社員、契約社員、嘱託社員、パート、アルバイト及び派遣労働者をいう。

1 　本規程例（遵守事項版）は、指針及び指針解説で最低限遵守するべきとされている事項を中心として、作成したものであるが、かかる事項以外でも、実務上、最低限規定することが望ましい事項についても、必要に応じて盛り込んでいる。本規程例に定める事項を全て網羅できなければ、指針が求める内部規程と評価されないというものではなく、あくまで事業者にとっての参考資料として提示するものであり、事業者の創意工夫を妨げるものではない。他方、本規程例をそのまま採用すれば、指針が求める内部規程として十分であることを保証するものでもなく、特に本件窓口に通報（内部公益通報を含む。）された事案の取扱いについて、実務的な手引き等を作成しておくことが重要である。

2 　本規程例は、総務担当取締役及び総務部長が不祥事故・懲戒を含めた各種問題に対処する体制となっており、別にコンプライアンス部や人事部が設置されていない企業を想定している。

3 　本規程における「通報対象行為」は、公益通報者保護法上の「通報対象事実」にかかる「公益通報」に該当するものだけでなく、内部規程違反なども対象としている。

3．本規程において「通報」とは、当社並びに当社労働者及び役員による通報対象行為を知らせることをいい、「相談」とは、通報に先立ち又は通報に関連して必要な助言を受けることをいう。

4．本規程において「内部公益通報」とは、通報のうち公益通報者保護法第3条第1号及び第6条第1号に定める公益通報をいう[4]。

5．本規程において「本件窓口」とは、第4条第1項及び第2項に定める通報を受け付けるための内部窓口並びに外部窓口の総称をいう。

6．本規程において「公益通報対応業務」とは、内部公益通報を受け、並びに当該内部公益通報に係る通報対象事案の調査をし、及びその是正に必要な措置をとる業務をいう[5]。

7．本規程において「従事者」とは、公益通報対応業務に従事する者をいう[6]。

8．本規程において「利用対象者」とは、本件窓口を利用できる者をいう。

9．本規程において「本件窓口利用者」とは、本件窓口に対して通報又は相談を行った利用対象者をいう。

10．本規程において「対象事案」とは、本件窓口に対して通報又は相談が行われた通報対象行為をいう。

11．本規程において「調査協力者」とは、対象事案に関する調査に協力した者をいう。

12．本規程において「被通報者」とは、通報対象行為を行い又は行おうとしているとして通報された者をいう。

4　公益通報者保護法の改正に伴う対応として、少なくとも内部公益通報について公益通報対応業務従事者の指定を行う必要があるため、定義を設けている。なお、本規程及び脚注の公益通報者保護法とは、改正法施行後の公益通報者保護法を指している。

5　脚注4と同じ。

6　脚注4と同じ。

13. 本規程において「本件窓口担当者」とは、本件窓口において通報又は相談を受け付ける者をいう。

14. 本規程において「調査担当者」とは、対象事案に関する調査に関与する者をいう。

15. 本規程において「処分等」とは、当社就業規則に定める懲戒処分を含むが、これに限らず、口頭での指導や注意を含め、当社が行うことができる一切の措置をいう。

16. 本規程において「不利益な取扱い」とは、解雇、懲戒処分、降格、減給、不利益な配転・出向・転籍、退職勧奨、更新拒否、損害賠償請求、事実上の嫌がらせ、退職金等における不利益な取扱い、その他の一切の不利益な取扱いをいう。

17. 本規程において「職制上のレポーティングライン」とは、当社取締役のほか、各々の当社労働者及び役員にとっての上長（直属の上長に限られない。）をいう。

18. 本規程において「是正措置等」とは是正措置及び再発防止策をあわせたものをいう[7]。

第2章　内部通報の体制整備

第3条（内部通報の体制整備）

1. 当社内において、通報に適切に対応するための体制を整備し、代表取締役社長がこれを総括する。

2. 総務担当取締役は、本規程に係る業務執行状況について、代表取締役社長に報告する。

7　公益通報者保護法第11条第1項は「是正に必要な措置」と定めているところ、当該措置には、法令等違反行為が認められた場合に当該行為を是正する措置のみならず、同様の法令等違反行為を再発させないための措置も含まれると解されるため、本規程例では、それらを併せて「是正措置等」と定めている。

第4条（窓口及び利用対象者）

1．通報又は相談を受け付ける内部窓口を総務担当取締役及び総務部長とする。

2．通報又は相談を受け付ける外部窓口をX法律事務所の担当弁護士とする[8]。

3．本件窓口において当社役員に関係する又は関係すると疑われる通報対象行為を受け付けた場合は、監査役との間で、その後の方針について協議を行う[9]。

4．本件窓口において内部公益通報を受ける当社担当者及び役員並びにX法律事務所の担当弁護士は、本規程により従事者として指定される[10]。なお、当社は、当該従事者に対し、従事者の地位に就くことが当該者自身に明らかとなる方法により伝達する。

5．利用対象者は、当社労働者（通報の日から1年以内に当社労働者であった者を含む。）及び役員とする[11]。

6．利用対象者は、匿名であっても本件窓口を利用することができる。

8　指針解説において「中立性・公正性に疑義が生じるおそれ又は利益相反が生じるおそれがある法律事務所や民間の専門機関等の起用は避けることが適当である」と記載されているため、外部窓口の中立性・公正性に疑義が生じるおそれがないような措置をとることが考えられる。

9　指針及び指針解説が「組織の長その他幹部からの独立性の確保に関する措置」を求めているため、その点に配慮した内容を定めている。会社の実情に応じて、監査役や実質的に経営幹部から独立性を有する立場の者を定めることが考えられる。

10　公益通報者保護法の改正に伴う対応として、少なくとも内部公益通報を受ける者を公益通報対応業務従事者として指定する必要があるため、予め包括的に指定する旨の条項を定めている。本規程により従事者指定された者に対しては、別途書面等によりその旨を知らせる必要がある。

11　利用対象者に、取引先の労働者及び役員など各事業者の法令等の遵守を確保するうえで必要と認められるその他の者を含めることも考えられる。なお、公益通報者保護法第2条第1項は、取引先の労働者及び役員からの通報であっても公益通報に該当する場合がある旨を定めているところ、本規程例は当社の労働者及び役員に適用されるものとして作成しているため、取引先の労働者及び役員を本規程の利用対象者として定めていないが、別途取引先の労働者及び役員からの自社にとっての内部公益通報を受ける方法を検討する必要がある。

7．利用対象者は、内部通報の体制や不利益な取扱い等に関する相談を行うためにも本件窓口を利用することができる。

第5条（通報又は相談の方法）[12]

本件窓口の利用方法は、利用対象者の利便性を高めるため、電話、電子メール、FAX、郵送又は面談とし、本件窓口ごとの利用方法は別に定める。但し、当該利用方法以外により通報又は相談が行われた場合であっても、本件窓口が利用されたものとして取り扱うことができる。

第6条（範囲外共有の防止[13]を含めた情報管理）

1．本件窓口担当者は、本件窓口利用者の氏名及び社員番号を含む本件窓口利用者を特定させる情報[14]を、必要最小限の範囲を超えて他の本件窓口担当者に共有せず、また、本件窓口利用者が予め明示的に同意した場合又はその他の正当な理由がある場合を除き、当該情報を本件窓口担当者以外に共有しないものとする[15]。

2．調査担当者は、調査協力者の氏名及び社員番号を含む調査協力者を特定させる情報を、必要最小限の範囲を超えて他の調査担当者及び本件窓口担当者に共有せず、また、調査協力者が予め明示的に同意した場合又はその他の正当な理由がある場合を除き、当該情報を本件窓口担当者及び調査担当者以外に共有しないものとする[16, 17]。

12　本規程は、できる限り多くの方法を選択できるような設計を前提としているが、事業者の実情に合わせて方法を定めることが考えられる。

13　指針及び指針解説が「範囲外共有等の防止に関する措置」を求めているところ、指針に定める「範囲外共有」とは、公益通報者を特定させる事項を必要最小限の範囲を超えて共有する行為を指す。もっとも、本規程例では、公益通報者保護法に定める内部公益通報に限らず広く内部通報を受け付けることとしているため、指針に定める範囲外共有の範囲に限らず、通報者や調査協力者を特定させる事項とそれ以外の事項に分けて情報管理に関する定めを設けている。

14　公益通報者保護法第12条が「公益通報者を特定させるもの」と定めているため、その内容を踏まえた表現としている。

15　公益通報者保護法第12条が「正当な理由」と定めており、本人が予め明示的に同意した場合以外もありうることから記載している。もっとも、「正当な理由」が緩やかに解されることがないよう留意しなければならない。

３．対象事案に関する調査により得られた情報（第１項及び第２項に定める情報を除く。）は、本件窓口担当者、調査担当者、法令違反行為等の是正措置等の検討に関与する当社労働者及び役員、取締役会の構成員及び事務局並びに必要に応じて行政機関に限り共有するものとする。

第７条（調査）

１．本件窓口に通報された対象事案に関する調査は、総務担当取締役及び総務部長が行う。但し、総務担当取締役又は総務部長は、当該対象事案に関する十分な調査を行うために必要と判断した場合には、当該事案に関連する部門の責任者や対象事案に対する権限を所管する部門等にも調査を行わせることができる。

２．総務担当取締役及び総務部長は、本規程により従事者として指定されるものとし、当社は、総務担当取締役に対し、従事者の地位に就くことが総務担当取締役自身に明らかとなる方法により伝達する[18]。

３．総務担当取締役又は総務部長は、本件窓口に通報された内部公益通報に該当する対象事案の調査を担当する者に対して本件窓口利用者を特定させる事項を伝達される場合には、従事者の地位に就くことが当該者に明らかとなる方法により、当該者を従事者として指定する[19]。

４．総務担当取締役又は総務部長より調査指示を受けた者は、速やかに調査の上、総務担当取締役又は総務部長に報告する。

５．第１項ないし第４項の定めにかかわらず、第４条第３項に基づいて監査役と協議を行った対象事案については、監査役と協議のうえ、調査主体及び調査方法を決定するものとし、当該協議に基づいて調査担当者と

16　調査協力者の保護の観点から、通報者を特定させる事項と同様の規定を設けることも考えられる。

17　調査協力者を特定させる事項に関する情報の取り扱いについて、指針及び指針解説では特段記載はされていないが、実務上、この点の取り扱いについて規定されていることも多いため、本規程例でも盛り込んでいる。

18　公益通報対応業務のうち受付と調査を区別して指定しないことも考えられるため、その場合は本項を削除しても差し支えない。

なった者について、第1項ないし第4項を準用する。

第8条（是正措置等）

1．調査の結果、法令等違反行為が明らかになった場合には、代表取締役社長又は当該法令等違反行為に関連する部門の担当役員若しくは部門長は、速やかに是正措置等を講じなければならない[20]。この場合において、当社役員が関係することが認められた対象事案のときは、監査役に対して、是正措置等の対応状況を報告しなければならない。

2．総務担当取締役又は総務部長は、内部公益通報された対象事案の是正措置等を検討又は実行する者に対して本件窓口利用者を特定させる事項を伝達される場合には、従事者の地位に就くことが当該者に明らかとなる方法により、当該者を従事者として指定する[21]。

3．代表取締役社長は、法令等違反行為の是正措置等が適切に機能しているかを検証し、適切に機能していないことが判明した場合には、追加の是正措置等を講じるものとする。

第9条（記録）

当社は、本件窓口において受け付けた通報又は相談への対応に関する記

19　公益通報者保護法の改正に伴う対応として、少なくとも内部公益通報に係る通報対象事案の調査を行い、公益通報者を特定させる事項を伝達される者を公益通報対応業務従事者として指定する必要があるため、条項を定めている。なお、指針解説は「事案により上記指針本文で定める事項に該当する場合には、必要が生じた都度、従事者として定める必要がある」と定めており、指針に関するパブリックコメントにおいても、消費者庁より「従事者ではないものが特定させる事項を認識するに至った場合で、当該要件を満たすに至った場合には事後的に従事者に指定すべきと考えます」という考え方が示されているため、例えば、調査担当者が当初は公益通報者を特定させる事項を伝達されていなかったものの、調査の過程で当該事項を認識してしまった場合には、事後的に従事者として指定しなければならないことに留意する必要がある。

20　必要があれば、関係行政機関への報告等を行うことになる。

21　公益通報者保護法の改正に伴う対応として、少なくとも内部公益通報に係る通報対象事案の是正に必要な措置をとる業務を行い、公益通報者を特定させる事項を伝達される者を公益通報対応業務従事者として指定する必要があるため、条項を定めている。

録を作成し、少なくとも対応終了後●年間[22]、保管しなければならず、その方法は、情報管理の観点から適切なものによらなければならない。

第3章　窓口への通報又は相談に関する当事者の責務等

第10条（窓口利用者等の保護）

1. 当社労働者及び役員は、本件窓口利用者に対して、本件窓口に通報又は相談したことを理由として、不利益な取扱いを行ってはならない。

2. 当社労働者及び役員は、調査協力者に対して、対象事案に関する調査に協力したことを理由として、不利益な取扱いを行ってはならない[23]。

第11条（探索の禁止）

当社労働者及び役員は、本件窓口に通報又は相談した者が誰であるか、対象事案に関する調査に協力した者が誰であるかを探索してはならない。

第12条（秘密保持）[24]

1. 当社労働者及び役員は、本規程に定める場合のほか、法令に基づく場合等の正当な理由がない限り、対象事案に関する情報を開示してはならず、当該情報について秘密を保持しなければならない。

2. 当社労働者及び役員は、法令に基づく場合等の正当な理由がない限り、対象事案に関する情報を目的外に使用してはならない。

22　評価点検や個別案件処理の必要性等を検討した上で適切な期間を定めることが考えられる。

23　指針解説脚注25では「調査協力者に対しても、調査に協力をしたことを理由として解雇その他の不利益な取扱いを防ぐ措置をとる等、本項の定めに準じた措置を講ずることが望ましい。」とされており、推奨事項ではあるが、実務上、調査協力者の保護についても規定することが多いため、本規程例にも盛り込んでいる。

24　本規程第6条の情報管理は、本件窓口利用者からの通報により得た情報や調査協力者から得た情報について、受付・調査・是正措置等に関与する当社労働者及び役員が適切に管理しなければならないという趣旨から定めた条項であるのに対し、本規程例第12条の秘密保持は、それ以外の場合（例えば、調査を受けるなどして対象事案に関する情報を認識した場合）も含め、当社労働者及び役員が当該情報の取扱いに留意しなければならないという趣旨から定めた条項である。

第13条（利益相反の回避）

1．当社労働者及び役員は、対象事案に関係する者である場合は、当該事案の調査や法令等違反行為の是正措置等の検討に関与することはできない。

2．当社労働者及び役員は、対象事案の調査担当者となる時点又は法令等違反行為の是正措置等の検討に関与する時点で、自身が当該対象事案に関係する者ではないことを確認するものとし、当該対象事案に関係する者である場合には総務担当取締役に報告しなければならない。

3．報告を受けた総務担当取締役は、当該労働者及び役員の対象事案への対応の関与可否を判断する。

4．本件窓口担当者は、自らが対象事案に関係する通報又は相談を受け付けた場合には、他の本件窓口担当者に引き継がなければならない。

第14条（通知等）

1．本件窓口担当者は、連絡先の分からない場合を除いて、本件窓口利用者に対して、通報又は相談を受け付けた旨を速やかに通知するとともに、調査開始の有無等についても本件窓口利用者が通報又は相談をした日から20日以内に通知しなければならない。

2．本件窓口担当者は、連絡先の分からない場合を除いて、本件窓口利用者に対して、対象事案に関する調査の結果及び是正措置等について、被通報者及び調査協力者の信用、名誉、プライバシー等に配慮しつつ、速やかに通知しなければならない。

3．本件窓口担当者は、対象事案に関する調査の完了後、連絡先の分からない場合を除いて、本件窓口利用者に対して、第10条第1項により禁止される不利益な取扱いを受けているか否かを確認しなければならない。

第15条（職制上のレポーティングラインにおける通報者等の保護等）[25]

1．当社労働者及び役員は、職制上のレポーティングラインに対して通報又は相談を行った者に対して、当該通報又は相談を行ったことを理由と

して、不利益な取扱いを行ってはならない。

2．当社労働者及び役員は、職制上のレポーティングラインへの通報に関する調査に協力した者に対して、当該調査に協力したことを理由として、不利益な取扱いを行ってはならない。

3．職制上のレポーティングラインに対して行われた通報又は相談についても、当社は、正当な理由がある場合を除いて必要な調査を実施し、その結果を受けて必要な範囲で是正措置等を講じ、それらの記録を適切に作成・保管するとともに、当社労働者及び役職員は、前2項の遵守に加えて、範囲外共有の防止を含めた情報管理、探索の禁止、秘密保持、利益相反の回避等に関し、本規程に定める通報及び相談に準じて取り扱う。

第16条（当社以外に公益通報を行った者の保護等） [26]

1．当社労働者及び役員は、公益通報者保護法第3条第2号及び第3号並びに同法第6条第2号及び第3号に定める保護要件を満たす公益通報を行った者に対して、当該通報を行ったことを理由として、不利益な取扱いを行ってはならない。

2．当社労働者及び役員は、前項に定める公益通報を行った者を探索してはならず、また、当該者を特定させる事項を当社が認めた範囲以外に共有しないものとする[27]。

25　公益通報者保護法第3条第1号及び第6条第1号に定める「当該役務提供先等に対する公益通報」には、本件窓口に対する通報のみならず、職制上のレポーティングラインに対する通報も含まれる可能性が高く、また、本規程例第1条に定める目的を達成するためには、職制上のレポーティングラインに対する通報の取扱いも適切に対応されることが重要であるため、本規程例には、職制上のレポーティングラインへの通報の取扱いも定めている。そのため、本規程例の名称は、「内部通報制度に関する規程」とせず、「内部通報に関する規程」としている。

26　指針において公益通報者保護法第2条に定める「処分等の権限を有する行政機関」や「その者に対し当該通報対象事実を通報することがその発生又はこれによる被害の拡大を防止するために必要であると認められる者」に対して公益通報をする者（いわゆる2号通報及び3号通報をする者）についても、不利益な取扱いの防止、範囲外共有の禁止及び通報者の探索防止の対象とされていることから、第6条、第10条及び第11条の対象を内部通報に限定している本規程例では、本条を設けている。

第4章　通報又は相談を行う者の責務等

第17条（不正の目的による通報又は相談の禁止等）[28]

　当社労働者及び役員は、虚偽の通報又は相談や、他人を誹謗中傷する目的の通報又は相談その他の不正の目的の通報又は相談を行ってはならない。

第5章　その他

第18条（処分等）

1．本規程の違反行為が明らかになった場合には、当社は、当該行為を行った当社労働者及び役員に対して適切な処分等を課さなければならない。

2．調査の結果、法令等違反行為が明らかになった場合には、当社は、当該法令等違反行為に関与した当社労働者及び役員に対して適切な処分等を課さなければならない[29]。

第19条（救済・回復等）

　本規程の違反行為（第6条及び第10条の違反行為を含むが、これらに限られない。）が明らかになった場合には、当社は、当該行為による被害・違反等について、適切な救済・回復措置等を講じなければならない。

第20条（周知・研修）

1．総務担当取締役は、個人情報等の保護に配慮した上で、本件窓口の運用実績について当社労働者及び役員に対して周知するものとする。

27　内部公益通報以外の公益通報は、個別の事案ごとに情報管理のあり方を検討せざるを得ないため、範囲外共有の防止を含む情報管理は、本規程例第6条と異なり抽象的な定めにとどめている。

28　指針及び指針解説自体に記載はないものの、公益通報者保護法において不正の目的による通報は保護の対象とならないことを踏まえて記載している。ただし、本条文を悪用し通報を妨げるような運用を行うべきではないことに留意する必要がある。

29　必要があれば、関係行政機関への報告等を行うことになる。

2．総務担当取締役は、代表取締役社長を含む全ての当社労働者及び役員に対して、定期的に内部通報制度に関する周知及び研修を行うものとする。

第21条（本規程に基づく制度の運用及び改善）

代表取締役社長は、本規程に関する整備及び運用の状況等について、定期的に客観的かつ公正な方法による評価、点検等を行うとともに、必要に応じて改善を行うものとする。

第22条（所管）

本規程の所管は、総務部とする。

第23条（改廃）

本規程の改廃は、総務担当取締役が起案の上、取締役会が決議する。

附　　則

（実施日）

第１条　この規程は●年●月●日から実施する。

●年●月●日　制定

以上

内部通報システムのすべて

2023年9月13日　第1刷発行

著　者　中原　健夫・結城　大輔
　　　　横瀬　大輝・福塚　侑也
発行者　加藤　一浩

〒160-8519　東京都新宿区南元町19
発 行 所　一般社団法人 金融財政事情研究会
出 版 部　TEL 03(3355)2251　FAX 03(3357)7416
販売受付　TEL 03(3358)2891　FAX 03(3358)0037
URL https://www.kinzai.jp/

DTP・校正：株式会社友人社／印刷：株式会社日本制作センター

ISBN978-4-322-14244-0